HISTORIAS
PARA
CONVERSAR

D.E.C.E.L.A.
LIBROS DE Esp & Lat-ame
C.P. 1532 SUCC. "DESJARDINS"
MONTRÉAL, QUÉ. CANADA H5B 1H3
FAX: (514) 844-5290

JOSÉ SILES ARTÉS

NIVEL BASICO

SOCIEDAD GENERAL ESPAÑOLA DE LIBRERÍA, S. A.

Primera edición, 1985
Segunda edición, 1986
Tercera edición, 1988
Cuarta edición, 1989
Quinta edición, 1990
Sexta edición, 1991
Séptima edición, 1992
Octava edición, 1995
Novena edición, 1996
Décima edición, 1997
Decimoprimera edición, 1999

Produce: SGEL-Educación
      Avda. Valdelaparra, 29 - 28108 ALCOBENDAS (MADRID)

Dibuja: J. L. Huerta y L. Carrascón
Maqueta: A. Campos
Cubierta: L. Carrascón

ISBN: 84-7143-311-7
Depósito Legal: M. 1.987-1999
Impreso en España - Printed in Spain

Compone: ANDUEZA
Imprime: NUEVA IMPRENTA, S. A.
Encuaderna: F. MÉNDEZ

Objetivo

Éste es un libro para el aprendizaje del español como lengua extranjera, y tiene como finalidad principal que el alumno se suelte en el manejo de la lengua oral, tomando por base una serie de historias cortas y sencillas, acompañadas de ejercicios apropiados. Puede usarse como complemento de cualquier método, y también por sí mismo, dentro de un horario intensivo de clases variadas.

Contenido

Cada capítulo de HISTORIAS PARA CONVERSAR consta de una ilustración alusiva, de una historia, de seis ejercicios y de una página de pasatiempos didácticos. Al libro acompaña también una grabación acústica.

Nivel

HISTORIAS PARA CONVERSAR está concebido para estudiantes que ya conocen (aunque sea pasivamente) los problemas más frecuentes de la lengua española. Su contenido no pretende traspasar los límites del área básica, si bien, como todo profesor avezado sabe muy bien, no se puede ser muy estricto en la fijación de grados de aptitud lingüística. El léxico quiere ser siempre vivo y corriente, pero sin atenerse a clasificaciones rígidas. O dicho de otra manera, se ha respetado la «funcionalidad» de las palabras. En el terreno sintáctico se han excluido los problemas más complicados, si bien otros, que quizá desborden los límites básicos, aparecen porque lo impone su frecuencia en la lengua hablada. Las historias, por lo demás, siguen un orden de dificultad.

Ejercicios

Cada capítulo del libro contiene seis ejercicios que, aunque pueden variar en su forma, persiguen siempre un mismo fin diferenciado. El ejercicio 1 sirve para comprobar la comprensión de la historia, lo que presupone una lectura, preparación, preguntas, aclaraciones del profesor, etc. El 2 invita a reflexionar sobre palabras concretas del texto. El 3 y el 4 son para repetir, y en parte «reproducir», el caudal lingüístico contenido en la historia. Un signo, el medio rombo, ▶, sustituye a una parte de una palabra perteneciente a cada relato (o a una parte de un interrogativo en el caso del ejercicio 3). Para evocar esa palabra incompleta, al alumno se le ayuda dándole una o más letras iniciales o finales.

El 3 y el 4 son ejercicios orales y, dependiendo del grado de soltura de los alumnos, puede ser o no necesario que éstos consulten una vez más la historia, antes de realizarlos. Ambos, además, están concebidos para hacerse entre cada dos alumnos, pero sin duda admiten otros procedimientos que el profesor estime convenientes.

En el ejercicio 5, también oral y por parejas, se les propone a los alumnos una doble situación de diálogo, normalmente. En la primera se han de usar frases o palabras que se dan en cursiva; en la segunda, sobre el modelo de la anterior, los alumnos componen un diálogo con más libertad y creatividad, aportando su propia lengua en la medida de lo posible; todo lo cual, naturalmente, requerirá mayor o menor preparación en consonancia con el nivel de conocimientos de los hablantes.

Finalmente, el ejercicio 6 presenta una selección de puntos gramaticales (a veces de mero uso) de la historia, al objeto de que se reflexione sobre ellos y se fijen.

Los pasatiempos, variados, están pensados para que sirvan de entretenimiento y de aprendizaje de la lengua, simultáneamente.

Y sólo nos queda ya dejar testimonio de nuestro agradecimiento a los profesores y centros que han colaborado en la experimentación de HISTORIAS PARA CONVERSAR, y de los cuales hemos recogido sugerencias. No menos reconocidos estamos a los alumnos de diversas nacionalidades que tan gentilmente participaron en dicha experimentación.

EL AUTOR

Madrid, 20 de mayo de 1985.

SUMARIO

El signo ▶, que el alumno encontrará en los ejercicios 3 y 4 de cada capítulo, debe ser sustituido por parte de una palabra perteneciente a cada relato. Las letras iniciales o finales que lo acompañan constituyen una ayuda.

UNA EXCURSIÓN SIN PRISA

«¿Quiere usted pasar unas vacaciones 'diferentes'?

Nosotros tenemos varias a un precio muy barato.

Tenemos una excursión en burro por la sierra de Las Alpujarras, en el sur de España.

¿No sabe usted montar en burro? No es problema. Todo el mundo puede montar en burro, el animal más pacífico y paciente.

Esta excursión es única en varios aspectos. Hacemos cien kilómetros en diez días. ¡Es la excursión más lenta del mundo! No tenemos prisa nunca, y usted puede ir con el grupo o a su propio paso.

Pasamos por ocho pueblos muy pintorescos, situados a más de dos mil metros de altura. Allí sólo les puede llevar un burro. Allí el aire es estimulante y el azul del cielo es siempre intenso. Los montes están cubiertos de almendros, y en los valles hay naranjos, limoneros y granados.

La gente de aquellos pueblos es hospitalaria y simpática, aunque tiene un gran defecto: nunca tiene prisa. Nosotros tampoco.

Por eso ésta es una excursión para personas sin prisa. ¿Es usted una de ellas?»

1. **Busque en la historia frases de igual significado**

    Nosotros tenemos algunas muy baratas.
    Nosotros tenemos varias a un precio muy barato.

    1. No es difícil.
    2. Esta excursión es especial por varias razones.
    3. Visitamos ocho pueblos.
    4. Allí sólo podemos ir en burro.

2. **Busque en la historia los antónimos de**

    1. Caro.
    2. Impaciente.
    3. Rápida.
    4. Antipática.
    5. Virtud.
    6. También.

3. Pregunte o responda

A: —¿Qu▶ puede m▶ en burro?
B: —T▶ el mundo.

B: —¿C▶ días dura la excursión?
A: —Diez.

A: —¿Por c▶ pueblos pasamos?
B: —P▶ ocho.

B: —¿C▶ es el aire en Las Alpujarras?
A: —E▶.

4. Lea a su compañero

A: ¿No s▶ usted montar en burro? No es p▶. Todo el m▶ puede montar en b▶, el animal más pacífico y p▶. Esta excursión es ú▶ en varios aspectos. H▶ cien kilómetros en diez días. ¡Es la excursión m▶ lenta d▶ mundo! Y usted puede ir con el gr▶ o a su propio p▶.

B: Pasamos por ocho p▶ muy pintorescos, situados a más de dos mil metros de a▶. Allí s▶ les puede llevar un burro. Allí el a▶ es estimulante y el azul del c▶ es siempre intenso. Los montes e▶ cubiertos de almendros, y en los v▶ hay naranjos, limoneros y granados.

5. Situación

A y B crean dos diálogos diferentes. En ambos hablan un empleado de una agencia de viajes y un turista. El turista desea *hacer un excursión barata*. El empleado le recomienda una en concreto porque es muy especial. El turista quiere saber *cuánto dura* la excursión y el empleado responde. En el segundo diálogo A y B cambian de papel.

6. Complete correctamente cada frase

le, en, más, por, cubierta, hay

1. La ballena es el animal .... grande.
2. Hacemos todo el trabajo .... una semana.
3. La carretera pasa .... el bosque.
4. Sólo .... puedo vender un kilo de ciruelas, señora.
5. La sierra está .... de nieve.
6. En el pueblo .... pocas tiendas.

❶: Forme ocho infinitivos.

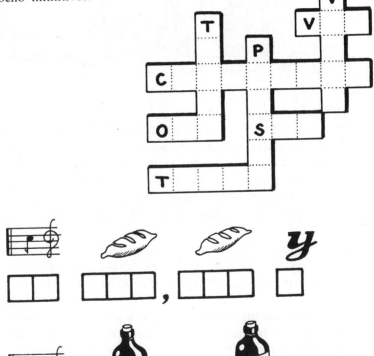

❷: Complete la frase y obtendrá un famoso refrán español.

Respuesta de una chica soltera a un señor viudo

Estimado amigo:

Gracias por tu encantadora carta, pero quiero ser muy franca desde el primer momento. ¿Podemos llegar a ser amigos verdaderamente? Yo soy muy joven, tímida, mi experiencia con los hombres es poca y menos con un viudo... Sinceramente, me das un poco de miedo... Por otro lado, varias cosas de tu carta no quedan muy claras. ¿Cuál es tu verdadera profesión? ¿Dónde trabajas de abogado? ¿Qué puesto ocupas?

Y dime una cosa, ¿vives solo o con familia? Yo vivo con dos amigas en un piso, y soy azafata de Iberia. Viajo por todo el mundo, pero estoy un poco cansada de volar. Sueño con fundar un hogar, tener hijos...

En tu foto veo un hombre maduro y atractivo; también muy seguro de sí mismo. Yo te mando aquí mi foto; es en la playa de Niza el año pasado. Ahí tengo el pelo negro, pero ahora soy rubia.

Puedes llamarme, pero no te prometo nada. Primero hay que hablar y conocerse el uno al otro sin ningún compromiso. Mi teléfono es el 739 87 42.

Recibe un afectuoso saludo de

Cati

1. **Responda a las preguntas siguientes**

   1. ¿Por qué da Cati las gracias al señor viudo?
   2. ¿Cuál es la profesión de Cati?
   3. ¿Qué desea Cati?
   4. ¿Cómo ve Cati al viudo en su foto?

2. **Busque en la historia los sinómimos de**

   1. Sincera.
   2. Realmente.
   3. Fatigada.
   4. Crear.
   5. Guapo.
   6. Envío.

3. Pregunte y responda

A: —¿C► es Cati, según ella misma?
B: —J► y tímida.

B: —¿Sabe Cati d► trabaja el viudo?
A: —No.

A: —¿D► qué e► Cati cansada?
B: —De v►.

B: —¿C► es el número de t► de Cati?
A: —El 739 87 42.

4. Lea a su compañero

A: Estimado amigo: gracias p► tu encantadora c►, pero quiero s► muy
franca d► el primer momento. ¿Podemos ll► a ser amigos verdaderamente? Yo soy muy joven, t►, mi experiencia con los h► es poca y
m► con un viudo... Sinceramente, me d► un poco de miedo... Por
otro l►, v► cosas de tu carta no quedan muy cl►. ¿Cuál es tu v►
profesión? ¿Dónde tr► de abogado? ¿Qué p► ocupas? Y dime una
c►, v► solo o con familia? Yo v► con dos amigas en un p►, y soy
azafata de Iberia.

B: V► por todo el mundo, pero e► un poco cansada de v►. Sueño c►
fundar un hogar, t► hijos... En tu foto v► un hombre maduro y atractivo; también muy s► de sí mismo. Yo t► mando aquí mi foto; es en
la pl► de Niza el año p►. Ahí tengo el p► negro, pero ahora soy r►.
Puedes llamarme, pero no te pr► nada. Primero h► que hablar y co-
nocernos el uno al o► sin n► compromiso. Mi t► es el 739 87 42.
Recibe un afectuoso s► de Cati.

5. Hable brevemente a su compañero/a de su familia y/o de algún proyecto suyo para el futuro

6. Complete correctamente cada frase

decirme, es, le, estás, divertirse, da, dime

1. Ese anciano me .... lástima.
2. .... qué hora es.
3. Laura .... periodista. ·
4. ¿............................. aburrido hoy?
5. Ahora .... sirvo, señor.
6. ¿Quieres .... algo más?
7. Hay que .... más.

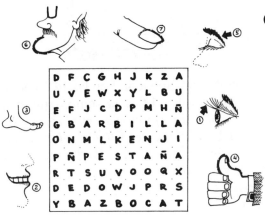

❶: Localice, de izquierda a derecha y de arriba abajo, las siete partes del cuerpo que rodean el cuadro.

```
D F C G H J K Z A
U V E W X Y L B U
E F J C D P M H Ñ
G B A R B I L L A
O N M L K E N J I
P Ñ P E S T A Ñ A
R T S U V O O Q X
D E D O W J P R S
Y B A Z B O C A T
```

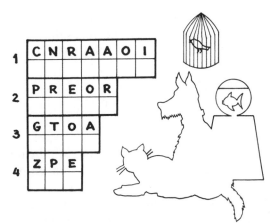

```
1  C N R A A O I
2  P R E O R
3  G T O A
4  Z P E
```

❷: Ordene adecuadamente las letras y obtendrá el nombre de cuatro animales domésticos.

BUSCO EMPLEO

—Aquí *Radio Enlace*. Les habla Nacho Buendía. Son las 10,30 de la mañana. La temperatura es de 20° al sol y 17° a la sombra junto a nuestros estudios. *Colchones LUX son los mejores; duerma bien y feliz en colchones LUX. Colchonería LUX, plaza del Comendador Benavides, 11.* Y ahora seguimos con nuestro programa, «Busco empleo». Tenemos una nueva llamada. A ver, dígame.

—Mire, yo busco empleo para cuidar perros.

—¿Le gustan mucho los perros?

—Los adoro.

—Bien, sus datos personales, por favor.

—Me llamo Julia Lozano, soy soltera, mis señas son: calle del Trueno, 82, 3.° A; y mi teléfono es el 423 81 96. ¡Ah!, sólo tengo libres las mañanas.

—¿Edad aproximada?

—Entre veinticinco y treinta y cinco.

—Una edad estupenda.

—Eso pienso yo.

—¡A ver, a ver! Tenemos una llamada. Sí, dígame.

—Oiga, señor Buendía, yo puedo ofrecer un empleo a la señorita Julia.

—¡Formidable, nuestros oyentes son formidables!

—Necesito una persona para cuidar tres niños.

—¿Qué le parece esto, Julia?

—¡Horrible! No soporto a los niños. Yo sólo quiero cuidar perros.

NOTAS

1. **Busque las frases verdaderas correspondientes**

   Son las 10,30 de la noche.
   Son las 10,30 de la mañana.

   1. La temperatura es de 15° al sol.
   2. Colchones LUX son los peores.
   3. Busco empleo para cuidar niños.
   4. Julia Lozano tiene cuarenta años.
   5. Julia no soporta a los perros.

2. **Busque en la historia las palabras de significado más afín**

   Camas-*colchones*

   1. Felicidad.
   2. Llamar.
   3. Libertad.
   4. Oír.
   5. Necesidad.

3. Pregunte o responda

A: —¿Cuál e▶ la temperatura a la sombra?
B: —17° gr▶.
B: —¿Dónde e▶ colchonería LUX?
A: —En la Pl▶ del Comendador Benavides, 11.
A: —¿A quién le g▶ mucho los perros?
B: —A Julia Lozano.
B: —¿C▶ son las señas de Julia?
A: —C▶ del Trueno, 82, 3.° A.

4. Lea con su compañero

A: —Mire, yo b▶ empleo para cuidar p▶.
B: —¿L▶ gustan mucho los p▶?
A: —L▶ adoro.
B: —Bien, sus d▶ personales, p▶ favor.
A: —M▶ llamo J▶ L▶, s▶ soltera, mis señas son: calle del Tr▶, 82, 3.° A; y mi teléfono e▶ e▶ 423 81 96. ¡Ah!, s▶ tengo libres las mañanas.
B: —¿E▶ aproximada?
A: —E▶ veinticinco y treinta y cinco.
B: —Una e▶ estupenda.
A: —Eso p▶ yo.
B: —¡A ver, a ver! T▶ una llamada. Sí, d▶.
A: —O▶, señor Buendía, yo p▶ ofrecer un empleo a la señorita J▶.
B: —¡Formidable, n▶ oyentes son formidables!
A: —N▶ una persona para c▶ tres niños.
B: —¿Qué l▶ parece e▶, J▶?
A: —¡Horrible! No soporto ▶ los niños. Yo sólo q▶ cuidar perros.

5.

1) En una oficina de empleo, A busca trabajo. B le hace varias preguntas: *qué tipo de trabajo desea,* su nombre y dirección, teléfono y edad, etcétera. A responde a cada pregunta sucesivamente.

2) B, enfermera de una clínica, pide a A, un paciente, los datos personales, nombre y apellidos, edad, profesión, señas y teléfono. El paciente responde a cada pregunta y después la enfermera le dice que *espere en la sala de al lado, por favor.*

6. Complete correctamente cada frase

dame, le, dígame, os, los.

1. ¿No .... gusta la ensalada, chicos?
2. .... tus señas, Claudio.
3. «Oiga». «Sí, ... »
4. ¿Qué .... parece la idea, amigo?
5. «¿Cuánto valen estos libros?» «No .... vendo.»

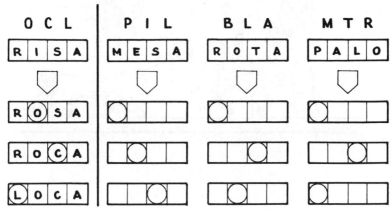

❶: Forme nuevas palabras introduciendo sucesivamente cada una de las tres letras dadas en la casilla marcada con un círculo.

❷: Busque en este alboroto de palabras una frase con sentido.

19

Marina quiere a Currito

Mi prima Marina vive con sus padres en Sevilla. Allí trabaja en un gran hospital. Es enfermera. Tiene dieciocho años y es muy guapa.

Marina tiene novio. Éste se llama Currito, tiene veintiocho años y es elegante y simpático. Currito es torero, pero no un torero famoso.

Los padres de Marina, mis tíos, son ricos. Mi tío es un abogado importante de Sevilla. Tiene fincas, casas y mucho dinero en el banco.

Mis tíos no quieren a Currito porque no tiene dinero ni carrera. Quieren a Ricardo, un médico de Sevilla. Ricardo sí es rico.

Pero Marina no quiere a Ricardo. Éste tiene cuarenta años y no es tan atractivo como Currito.

Ahora Marina está en Madrid, en mi casa. Pasa unos días de vacaciones. Aquí está también Currito. Esto es un secreto. Mi prima y el torero salen juntos todos los días y parecen muy felices.

Pero mañana por la noche llegan mis tíos. Vienen con Ricardo. Sin duda sospechan algo.

1. **Responda a las preguntas siguientes**

    1. ¿Qué es Marina?
    2. ¿Qué edad tiene Currito?
    3. ¿Por qué quieren los padres de Marina a Ricardo?
    4. ¿En dónde está Currito ahora?

2. **Componga siete frases, de acuerdo con la historia**

		enfermera
		elegante
Marina	es	dieciocho años
Currito	tiene	torero
Ricardo		rico
		pobre
		cuarenta años

3. Pregunte o responda

A: —¿Con q▶ vive Marina en Sevilla?
B: —Con sus p▶.

B: —¿Q▶ e▶ Currito?
A: —T▶.

A: —¿P▶ q▶ no quieren los padres de Marina a Currito?
B: —P▶ no es famoso y p▶ no tiene dinero ni carrera.

B: —¿Q▶ edad tiene Ricardo?
A: —C▶ a▶.

4. Lea a su compañero

A: Mi p▶ Marina vive con sus padres en Sevilla. Allí t▶ en un gran hospital. Es enfermera. Tiene diciocho años y es muy g▶. Marina tiene n▶. Éste se ll▶ Currito, tiene veintiocho años y es elegante y s▶. Currito es torero, pero no un torero f▶. Los padres de Marina, mis t▶, son ricos. Mi t▶ es un a▶ importante de Sevilla. Tiene casas, fincas y mucho d▶ en el banco.

B: Mis tíos no q▶ a Currito p▶ no es f▶ y p▶ no tiene d▶ ni carrera. Q▶ a Ricardo, un m▶ de Sevilla. Ricardo sí es rico. Pero Marina no q▶ a Ricardo. É▶ tiene cuarenta años y no es t▶ atractivo c▶ Currito. Ahora Marina e▶ en Madrid, en mi casa. P▶ unos días de v▶. Aquí e▶ también Currito. Esto es un s▶. Mi p▶ y el torero s▶ juntos todos los días y p▶ muy felices. Pero mañana por la noche ll▶ mis tíos. V▶ con Ricardo. Sin duda sospechan a▶.

5. Hable de un familiar suyo; diga su nombre, edad, cómo es física y moralmente, su profesión, de dónde es, dónde vive. Añada algunos detalles más.

6. Complete correctamente cada frase

tan, te, a, eso, tengo.

1. .... es un problema.
2. ¿Cómo .... llamas?
3. No es .... simpática como su hermana.
4. Sólo .... veinte años.
5. ¿Quiere usted .... esta mujer?

❶: Escriba los nombres de siete medios de transporte.

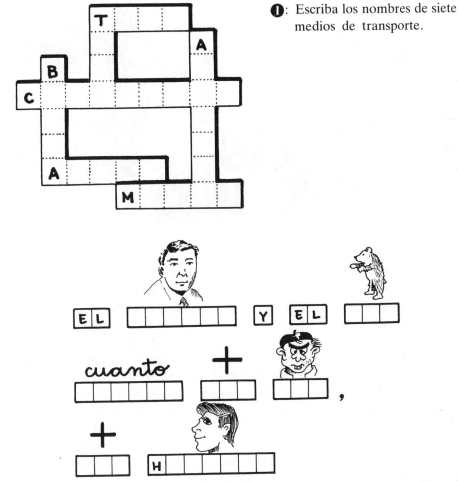

❷: Complete la frase y obtendrá un famoso refrán español.

La Puerta del Sol es una plaza de Madrid muy conocida. Está situada en la parte vieja de la ciudad, en un barrio con toda clase de tiendas, grandes almacenes, agencias de viajes, hoteles, restaurantes, etc. Es un sitio con mucha vida de día y de noche.

Todos los años, en la Noche Vieja, la Puerta del Sol ocupa la atención de todos los españoles. Por la pantalla de la televisión podemos ver allí una enorme y alegre multitud, jóvenes y viejos. Todos vienen allí a celebrar la llegada del Año Nuevo y a tomar las doce uvas de la suerte, una por cada campanada del gran reloj de la Puerta del Sol. Según la tradición popular, estas uvas dan suerte para el Año Nuevo.

Mucha gente no vuelve a casa ya esa noche. Van a bailes en casa de amigos o a salas de fiestas. Otros andan por la calle y cantan, beben y bailan toda la noche. A las cinco o las seis de la mañana muchos van a alguna chocolatería, a tomar el típico «chocolate con churros».

NOTAS

1. **Componga cinco expresiones de la historia**

toda clase	de la suerte
grandes	toda la noche
la llegada	de tiendas
las doce uvas	almacenes
bailan	del Año Nuevo

2. **Busque en la historia las palabras de significado más afín**

Conocer-*conocida*.

1. España.
2. Alegría.
3. Llegar.
4. Campana.
5. Canción.
6. Bebida.

3. Pregunte o responda

A: —¿C▶ es la Puerta del Sol de Madrid?
B: —Es un s▶ muy animado de d▶ y de n▶.

B: —¿Q▶ celebra allí la Noche Vieja?
A: —Toda clase de gente. J▶ y v▶.

A: —¿Para qué se toman las u▶?
B: —P▶ tener s▶ en el Año Nuevo.

B: —¿Qué toma mucha gente la manaña del A▶ N▶?
A: —El t▶ «chocolate con churros».

4. Lea a su compañero

A: La Puerta del Sol es una pl▶ de Madrid muy conocida. E▶ situada en la p▶ vieja de la ciudad, en un b▶ con toda clase de t▶, grandes almacenes, agencias de v▶, hoteles, reataurantes, etc. Es un sitio con mucha v▶ de día y de noche. T▶ los años, en la N▶ V▶, la Puerta del S▶ o▶ la atención de todos los españoles. P▶ la pantalla de la televisión p▶ ver allí una enorme y alegre m▶, jóvenes y viejos.

B: Todos v▶ allí a celebrar la llegada del A▶ N▶ y a t▶ las 12 uvas de la s▶, una por c▶ campanada del gran reloj de la P▶ del S▶. Según la tr▶ popular estas uvas d▶ suerte para el A▶ N▶. Mucha gente no v▶ a casa ya esa noche. Van a b▶ en casa de amigos o a salas de fiestas. Otros a▶ por la calle y cantan, b▶ y bailan toda la noche. A las cinco o las seis de la m▶ muchos v▶ a alguna chocolatería, a t▶ el típico «chocolate con churros».

5. Situación

Dos diálogos. Primero, A pregunta a B *cómo se celebra la Noche Vieja en* su ciudad. Segundo, B quiere saber *cómo se celebra la Nochebuena y el Día de Navidad en* la ciudad de A.

6. Complete· correctamente cada frase

según, *por*, nuestro, *está*, *a*, puente

1. La estación .... lejos del centro.
2. Vienen muchos forasteros .... comprar ropa.
3. Regalan 10.00 pesetas .... cada respuesta correcta.
4. .... Merino, los precios suben este invierno.
5. Vamos a .... pueblo una vez al año.
6. Pasan por el ....

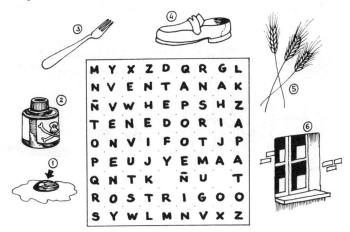

❶: Localice, de izquierda a derecha y de arriba abajo, los nombres de los seis dibujos que rodean el cuadro.

❷: Ordene adecuada-
mente las letras y
obtendrá seis pala-
bras relacionadas
con la geografía.

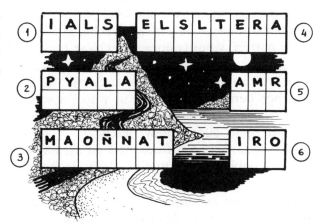

Recipientes para beber vino

En España el vino se bebe normalmente en vaso, pero también se usan otros recipientes muy conocidos. En Galicia, por ejemplo, es muy corriente la taza de barro para beber el famoso vino de Ribeiro.

Un recipiente muy usado es el porrón. El porrón es de cristal y tiene dos bocas, una ancha y otra estrecha. Por la boca ancha se mete el vino en el porrón, y por la boca estrecha se bebe. Se bebe «a chorro», y esto no es fácil. Se necesita práctica.

Otro recipiente muy popular es la bota. La bota es de cuero y tiene pez por dentro. La pez da al vino un sabor amargo.

La bota se puede llevar colgada al hombro, es flexible y no se rompe; por todo ello es muy práctica.

La bota se ve con frecuencia en excursiones y en meriendas al aire libre. También es costumbre llevar la bota a los toros.

¡Ah, en bota se bebe también a chorro! Las primeras veces es muy difícil para un extranjero, el vino le puede caer sobre la barbilla, sobre la camisa. ¡Es muy divertido beber en este recipiente tan español...!

NOTAS

1. **Responda a las preguntas siguientes**

    1. ¿En qué se bebe el vino de Ribeiro?
    2. ¿De qué es el porrón?
    3. ¿Para qué es la boca ancha del porrón?
    4. ¿Cómo es la bota?
    5. ¿Cómo se bebe en bota?

2. **Busque en la historia los sinónimos de**

    1. Generalmente.
    2. Vasijas.
    3. En el interior.
    4. Gusto.
    5. A menudo.
    6. Giras.

3. Pregunte o responda ·

A: —¿De q► es la taza para beber vino de Ribeiro?
B: —De b►.

B: —¿C► se bebe en porrón?
A: —A ch►.

A: —¿Q► recipiente se p► llevar al hombro?
B: —La bota.

B: —¿D► se ve con fr► la bota?
A: —En excursiones, m► y en los .toros.

4. Lea a su compañero

A: En España el vino se b► normalmente en vaso, p► también s► usan otros recipientes muy c►. En Galicia, p► ejemplo, es muy c► la taza de barro para b► el famoso vino de Ribeiro. Un recipiente muy u► es el porrón. El porrón es de cr► y tiene dos bocas, una a► y otra estrecha. Por la b► ancha se mete el vino en el porrón, y por la boca e► se bebe. Se bebe «a chorro», y esto no es f►. Se necesita pr►.

B: Otro recipiente muy p► es la bota. La b► es de c► y tiene pez por dentro. La pez d► al vino un sabor amargo. La b► se p► llevar colgada al h►, es flexible y no se r►; por todo ello es muy pr►. La b► se ve con frecuencia en e► y en meriendas al a► libre. T► es costumbre llevar la b► a los t►. ¡Ah, en b► se b► también a chorro! Las primeras v► es muy difícil para un e►, el vino le puede caer sobre la b►, sobre la camisa. ¡Es muy d► beber en este recipiente tan español...!

5.
1) Describa a su compañero/a un recipiente, prenda de vestir, utensilio u otro objeto típico y popular en su país o región.

2) Hable a su compañero/a de una bebida popular en su país o región, cómo es y cuándo y cómo se bebe.

6. Complete correctamente cada frase

da, es, de, se, para

1. En Castilla .... cultiva mucho trigo.
2. La lluvia .... muy frecuente en Galicia.
3. Esos zapatos son .... plástico.
4. El azafrán .... color al arroz.
5. Este ejercicio es muy fácil .... mí.

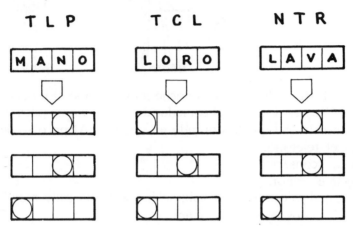

❶: Forme nuevas palabras introduciendo sucesivamente cada una de las tres letras dadas en la casilla marcada con un círculo.

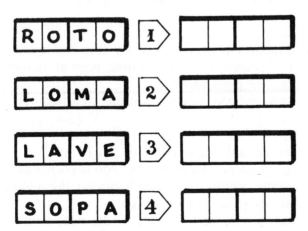

❷: Cambie las sílabas de estas cuatro palabras para obtener otras nuevas.

Un Hotel Ruidoso

Aurelio Lozano llegó aquella noche muy cansado al hotel «Las Encinas», de Cáceres. Cenó en el comedor del hotel, vio un poco de televisión y se acostó. Se quedó dormido en seguida. Al poco se despertó. Descolgó el teléfono.

—Oiga, ¿conserje?

—Dígame, señor.

—No puedo dormir. Esta habitación da a una calle muy ruidosa.

—¿Qué ruidos oye usted, señor?

—Voces, gritos, risas, cantos...

—¿Tiene usted la ventana abierta?

—No, la tengo cerrada.

—Claro, es sábado por la noche... La gente se divierte... Le voy a dar otra habitación.

—Muy bien.

Aurelio se metió en su nueva cama y cerró los ojos, pero al poco oyó unos fuertes golpes. Éstos se pararon, pero al momento siguieron con más fuerza. Se puso furioso.

—¡Oiga, conserje! ¿No se puede dormir en este hotel? ¿Qué golpes son ésos?

—¿Golpes?

—Sí, vienen de ahí abajo. ¿No los oye?

—¡Ah, es en la cocina! Están reformando la cocina del hotel, señor. Trabajan de noche porque la cocina funciona durante el día.

—¡La noche es para dormir, amigo!

—Es verdad, señor, pero durante el día necesitamos comer también...

NOTAS

1. **Responda a las preguntas siguientes**

   1. ¿Dónde cenó Aurelio?
   2. ¿Cuándo se despertó?
   3. ¿Qué oyó Aurelio desde la segunda habitación?
   4. ¿Para qué es la noche, según el conserje?

2. **Busque en la historia los antónimos de**

   1. Descansado.
   2. Se levantó.
   3. Silenciosa.
   4. Se aburre.
   5. Débiles.
   6. Mentira.

3. Lea con su compañero

A: —Oiga, ¿conserje?

B: —D▶, señor.

A: —No p▶ dormir. Esta habitación d▶ a una calle muy ruidosa.

B: —¿Qué r▶ oye usted, señor?

A: —V▶, gritos, r▶, cantos...

B: —¿Tiene usted la ventana a▶?

A: —No, la t▶ cerrada.

B: —Claro, e▶ sábado p▶ la noche... La g▶ se divierte... Le voy a d▶ otra habitación.

A: —M▶ b▶.

4. Lea con su compañero

A: Aurelio se metió en su nueva cama y c▶ los ojos, pero al poco oyó unos fuertes g▶. Éstos se p▶aron, pero al momento siguieron con más f▶. Se puso f▶.

B: —¡O▶, conserje! ¿No se p▶ dormir en este hotel? ¿Qué golpes s▶ ésos?

A: —¿G▶?

B: —Sí, v▶ de ahí abajo. ¿No los o▶?

A: —¡Ah e▶ en la cocina! Están reformando la c▶ del hotel, s▶. Tr▶ de noche porque la cocina f▶ durante el día.

—¡La noche e▶ para dormir, amigo!

—E▶ verdad, s▶, pero d▶ el día necesitamos c▶ también...

5. 1) El huésped de un hotel (A) llama al conserje (B) y le dice que en su *habitación hace mucho calor.* El conserje le pregunta si *tiene puesto el aire acondicionado.* El huésped dice que *no, porque hace mucho ruido.* El conserje dice al cliente que puede *darle una habitación mucho más fresca, pero algo más cara.* El cliente responde que no está *de acuerdo;* quiere *una habitación fresca y del mismo precio.*

2) A y B componen un diálogo del mismo tipo usando, en lo posible, sus propias palabras.

6. Complete correctamente cada frase

te, las, a, se, los, levanta

1. Nati no .... siente bien.
2. Mi dormitorio da .... un patio.
3. ¿Tienen ustedes las persianas bajadas? No, ... tenemos subidas.
4. La familia se .... tarde los domingos.
5. Pasa Pancho, ... voy a dar una sorpresa.
6. Éstos son mis sobrinos, ¿............................. conoce usted?

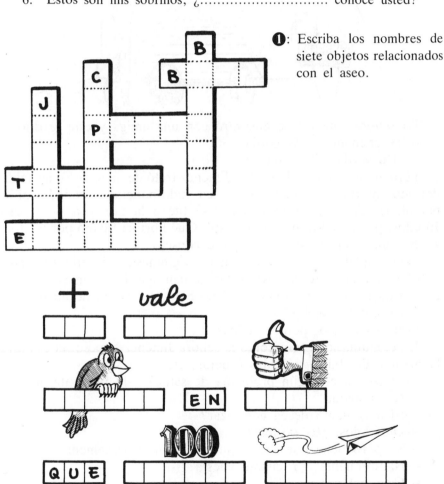

❶: Escriba los nombres de siete objetos relacionados con el aseo.

❷: Complete la frase y obtendrá un famoso refrán español.

La Sra. Jiménez tiene un problema

La señora Jiménez se encontró con una amiga y ésta le dijo:

—Te encuentro más gorda.

—¿De verdad? No creo.

Pero al llegar a casa la señora Jiménez trató de meterse en las faldas del año anterior y no pudo. Tampoco pudo ponerse el bañador ni los pantalones de tenis. Rápidamente se fue a la farmacia y se pesó: 70 kilos. ¡Cinco kilos más en un año! ¡Qué horror! Llamó por teléfono a otra buena amiga suya y le pidió consejo.

—Para adelgazar lo mejor es ir a un gimnasio —le dijo aquélla—. Allí haces unos ejercicios especiales; te dan masajes y tomas saunas, y te dan un régimen de comidas. Todo bajo el cuidado de un médico.

—¿Y cuesta mucho?

—No es barato, pero es eficaz.

En el gimnasio le tomaron a la señora Jiménez el peso, la estatura, la medida del busto y de las caderas, etc.

—¿Tiene usted algún problema de salud? —le preguntaron.

—No, ninguno.

—Bien, ¿cuánto desea adelgazar?

—Diez kilos. ¿Es posible?

—Sí, pero tiene que seguir nuestro plan rigurosamente.

—Naturalmente. ¿Y cuánto cuesta?

—Cien mil pesetas.

—¡Dios mío, a diez mil pesetas el kilo!

NOTAS

1. **Busque en la historia frases de igual significado**

    1. Estás más gruesa.
    2. La señora Jiménez intentó ponerse las faldas del año anterior.
    3. Siempre bajo el control de un médico.
    4. ¿Cuántos kilos quiere perder?
    5. Tiene que cumplir fielmente nuestro régimen.

2. **Busque en la historia los antónimos de**

    1. Flaca.
    2. Año siguiente.
    3. Engordar.
    4. Caro.
    5. Ineficaz.
    6. Imposible.

3. Pregunte o responda

A: —¿Con quién se e►ó la señora Jiménez?
B: —Con una a►.

B: —¿D► se pesó la señora J►?
A: —En la f►.

A: —¿C► kilos engordó en un a►?
B: —Cinco.

B: —¿Qué l► hicieron en el gimnasio?
A: —Le tomaron el p►, la estatura, la m► del busto y las caderas, etc.

4. Lea a su compañero

A: La señora Jiménez se e►ó con una amiga y ésta l► dijo: «Te e► más gorda». «¿D► verdad? No cr►». Pero al llegar a casa la señora J► tr►ó de meterse en las f► del año anterior y no pudo. Tampoco p►o ponerse el bañador ni los p► de tenis. R► se fue a la farmacia y se p►ó: 70 k►. ¡Cinco k► m► en un año! ¡Qué horror! Ll►ó por teléfono a otra buena amiga s► y le pidió consejo.

B: «Para adelgazar lo m► es ir a un gimnasio», l► dijo aquélla. «Allí h► unos ejercicios especiales; te dan masajes y te d► un régimen de comidas. Todo b► el cuidado de un m►». «¿Y c► mucho?». «No es b►, pero es eficaz». En el gimnasio le tomaron a la señora Jiménez el peso, la e►, la medida del busto y de las c►, etc.

5.
1) A pregunta a B *qué es lo mejor para broncearse*. B responde que *tumbarse desnudo en la playa durante muchas horas*. A dice que no tiene *tiempo ni dinero para ir a la costa. En ese caso*, le aconseja B, *puede broncearse en casa con una lámpara eléctrica especial.*

2) B pregunta a A, *qué es lo mejor para curarse un catarro*, y a partir de ahí hacen un diálogo similar al anterior.

6. Complete correctamente cada frase

dieron, *me, se,* dijeron, perdón, *quitarse,* bolso, *que*

1. ¿.............................. ves guapa?
2. No quiso .... los guantes.
3. .... miró al espejo.
4. *Les* pidió ....
5. No *le* .... la verdad.
6. *Nos* .... una explicación.
7. ¿*Te* robaron el ....?
8. Tienes .... poner más interés.

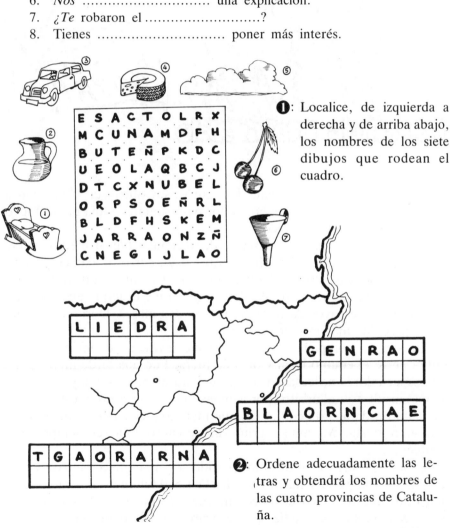

❶: Localice, de izquierda a derecha y de arriba abajo, los nombres de los siete dibujos que rodean el cuadro.

```
E S A C T O L R X
M C U N A M D F H
B U T E Ñ P K D C
U E O L A Q B C J
D T C X N U B E L
O R P S O E Ñ R L
B L D F H S K E M
J A R R A O N Z Ñ
C N E G I J L A O
```

| L | I | E | D | R | A |
| | | | | | |

| G | E | N | R | A | O |
| | | | | | |

| B | L | A | O | R | N | C | A | E |
| | | | | | | | | |

| T | G | A | O | R | A | R | N | A |
| | | | | | | | | |

❷: Ordene adecuadamente las letras y obtendrá los nombres de las cuatro provincias de Cataluña.

39

una tarde inolvidable

Yo trabajo en una compañía de seguros, soy oficinista. Cinco días a la semana, durante casi siete horas, los paso sentado a una mesa. Llevo catorce años en este empleo.

Hace dos años empecé a sentir depresiones. Fui al médico y me recomendó hacer ejercicio. Me inscribí en un curso de natación, pero me aburrí pronto. Probé el tenis, pero lo encontré muy difícil. Me apunté a un gimnasio, pero al saltar el potro me disloqué una rodilla y tuve la pierna escayolada durante más de dos meses. Durante este período pasé las mayores depresiones.

Un día un compañero de trabajo me invitó a ver un partido de fútbol entre el equipo local y otro de fuera. Fue una tarde inolvidable. Los espectadores no cesaron de gritar para animar al equipo de casa. ¡Cómo insultaron al árbitro por algunas faltas contra los nuestros! ¡Cómo saltaron de alegría con el gol que metimos! Ganamos. Aquello fue una gran fiesta. Mi amigo gritó sin descanso todo el tiempo. Yo, también.

Desde entonces veo todos los partidos de mi equipo, en casa y fuera. Algunos fines de semana viajo hasta 1.500 kilómetros para ir a animar a los nuestros. Soy el típico «hincha». El lunes por la mañana me levanto agotado, pero feliz. ¡Y se acabaron mis depresiones!

1. **Responda a las preguntas siguientes**

   1. ¿Cuál es la profesión del protagonista?
   2. ¿Qué le recomendó el médico?
   3. ¿Dónde se dislocó una rodilla?
   4. ¿Qué hicieron los espectadores cuando el equipo local metió un gol?
   5. ¿Cómo se levanta el protagonista el lunes por la mañana?

2. **Busque formas verbales correspondientes a estos nombres**

   hecho-*hace-hacer*

   1. Sentido.
   2. Prueba.
   3. Grito.
   4. Insulto.
   5. Vista.
   6. Viaje.

3. **Pregunte o responda**

A: —¿C▶ tiempo lleva el protagonista en este e▶?
B: —Catorce a▶.

B: —¿C▶ empezó a sentir depresiones?
A: —H▶ dos años.

A: —¿Qué l▶ pasó con el tenis?
B: —Lo e▶ó muy difícil.

B: —¿Qué hizo su amigo t▶ el t▶?
A: —Gr▶ó sin descanso.

4. **Lea a su compañero**

A: Yo tr▶ en una c▶ de seguros, soy oficinista. Cinco días a la s▶, durante casi siete horas, l▶ paso sentado a una mesa. Ll▶ catorce años en este empleo. H▶ dos años empecé a s▶ depresiones. Fui al médico y me recomendó h▶ ejercicio. Me inscribí en un c▶ de natación, pero me aburrí pr▶. Probé el tenis, pero l▶ encontré muy d▶. M▶ apunté a un g▶, pero al saltar el potro m▶ disloqué una rodilla y tuve la p▶ escayolada d▶ más de dos meses. Durante este período p▶é las mayores depresiones.

B: Un día un compañero de trabajo me i▶ó a ver un partido de fútbol e▶ el equipo local y otro de f▶. Fue una t▶ involvidable. Los espectadores no cesaron de gritar p▶ animar al equipo de c▶. ¡C▶ insultaron al árbitro por algunas f▶ pitadas a los n▶! ¡C▶ saltaron de a▶ con el gol que m▶imos. Ganamos. Aquello fue una gr▶ fiesta. Mi amigo gritó sin d▶ todo el tiempo. Yo, t▶. Desde entonces v▶ todos los partidos de mi e▶, en casa o f▶. Algunos f▶ de semana viajo h▶ 1.500 kilómetros p▶ ir a animar a los nuestros. S▶ el típico «hincha». El lunes por la mañana me l▶ agotado, pero feliz. ¡Y se a▶aron mis depresiones!

5. Cuente a su compañero concisamente qué hace normalmente el fin de semana (viernes por la tarde, sábado y domingo). Use el **presente de indicativo**.

6. Complete correctamente cada frase

hizo, llamó, agotaron, *nos, me*

1. El médico .... mandó unas pastillas.
2. Pablo *se* .... socio de un club ciclista.
3. Una amiga *la* .... por teléfono.
4. Nunca .... acostamos antes de las 12.
5. *Se* .... todos los periódicos.

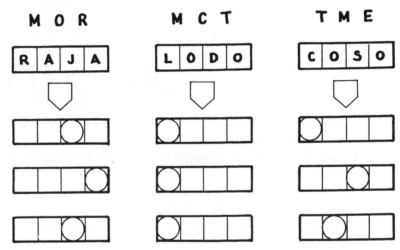

❶: Forme nuevas palabras introduciendo sucesivamente cada una de las tres letras dadas en la casilla marcada con un círculo.

❷: Busque en este alboroto de palabras una frase con sentido.

UNA MUELA DIFÍCIL

Una mañana, Miguel Marín se levantó con la cara hinchada y un dolor de muelas insoportable.

—Tienes que ir hoy mismo al dentista —le ordenó su mujer—. No puedes aplazarlo más.

—Me dan mucho miedo los dentistas, ya lo sabes.

—Pues tienes que vencer ese miedo.

—Además, son unos ladrones, te cobran un ojo de la cara por cualquier cosa.

—¡Hijo, no somos tan pobres! ¡Y la salud es más importante que el dinero!

Aquella misma tarde el dentista le dijo a Miguel:

—Esa muela está muy mal. Hay que sacarla ahora mismo.

Miguel se echó a temblar, tanto por el dolor como por el coste de la operación.

El dentista aplicó sus alicates y tiró con todas sus fuerzas, pero la muela no se movió apenas. «Esta muela tiene unas raíces larguísimas», comentó aquél. «Esto lo dice para cobrarme más», pensó Miguel en medio de su tormento.

Una hora duró la operación y entonces el dentista enseñó a su paciente la causa de su mal: una muela de enorme tamaño. Luego le entregó la factura. Miguel se puso las gafas, vio el importe y protestó:

—¡Pero esto es muy caro, doctor!

—Le cobro dos mil pesetas extra por «muela difícil».

—Bien doctor, ¡yo le descuento dos mil pesetas por «dolor extra»!

NOTAS

1. **Busque las frases verdaderas correspondientes**

   Puedes esperar.
   Tienes que ir hoy mismo al dentista.

   1. No me asustan los dentistas.
   2. El dinero es más importante que la salud.
   3. Esa muela está muy sana.
   4. La muela tiene unas raíces muy cortas.
   5. Miguel se quitó las gafas.

2. **Busque los sinónimos de**

   1. Mandó.
   2. Se puso.
   3. Dolor.
   4. Mostró.
   5. El motivo.
   6. Se quejó.

3. Lea con su compañero

A: —Tienes que ir hoy m▶ al dentista. No p▶ aplazarlo más.

B: —Me d▶ mucho miedo los d▶, ya lo sabes.

A: —Pues t▶ que vencer ese miedo.

B: —Además s▶ unos ladrones, t▶ cobran un ojo de la cara p▶ cualquier cosa.

A: —¡Hijo, no s▶ tan pobres! ¡Y la s▶ es más importante que el dinero!

4. Lea a su compañero

A: Aquella misma t▶ el dentista le dijo a Miguel: «Esa muela e▶ muy mal. Hay que sacarla a▶ mismo». Miguel se e▶ó a temblar, tanto por el d▶ como por el coste de la operación. El dentista aplicó sus a▶ y tiró con t▶ sus fuerzas, pero la m▶ no se movió apenas. «Esta m▶ tiene unas r▶ larguísimas», comentó a▶. «Esto lo d▶ para cobrarme más», p▶ó Miguel en medio de su tormento.

B: Una hora d▶ó la operación y entonces el dentista enseñó a su p▶ la causa de su mal: una muela de enorme t▶. Luego l▶ entregó la factura. Miguel se puso las g▶, vio el importe y pro▶ó: «¡Pero esto es muy c▶, doctor!». «Le cobro dos mil pesetas p▶ "muela d▶"». «Bien, doctor, ¡yo le d▶ dos mil pesetas por "dolor extra"!»

5.
1) A dice a B que debe *ir al médico*. B pregunta que *para qué*. A explica que *porque* tiene *una tos muy fuerte*. B dice que *no es nada*. A le insiste que está *equivocado* y que *los catarros hay que cuidarlos*.

2) A y B cambian sus papeles y hacen un diálogo del mismo tipo que el anterior, pero usando, en lo posible, sus propias palabras.

6. Complete correctamente cada frase

lo, echó, *más,* cobraron, *le, traerme,* mueve, tenemos, da, *sacarla*

1. ¿*Te* .... miedo la oscuridad?

2. No .... *que* salir tan temprano.

46

3. ¿Cuánto *os* .... por el arreglo del magnetófono?
4. Un chaquetón es .... práctico que un abrigo.
5. La perra está nerviosa, hay que .... de paseo.
6. ¿Por qué *se* .... usted a reír?
7. El aire no *se* .... hoy.
8. ¿Puede usted .... más sellos de esta clase?
9. .... dices en serio
10. .... regalé el paquete de cigarrillos.

❶: Escriba los nombres de siete alimentos de la huerta.

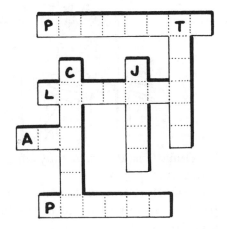

❷: Complete la frase y obtendrá un famoso refrán español.

Dª Casilda debe tomar unas pastillas

Doña Casilda *entró* muy afligida en el despacho de su médico de cabecera.

—Doctor, me siento muy mal; me duele la cabeza todo el tiempo; padezco insomnio, tengo pesadillas, me sienta mal la comida, me dan escalofríos.

—Un momento, por favor —dijo el médico.

Pero doña Casilda no hizo caso y siguió hablando de sus dolencias, con gran detalle. El doctor miró a su reloj e hizo un gesto de impaciencia, pero ella no pareció notarlo. Por fin aquél alzó enérgicamente una mano y la interrumpió:

—¿Tiene usted apetito?

La paciente respondió afirmativamente y empezó a hablar de sus platos favoritos. Mientras tanto el médico la auscultó y le tomó el pulso y la tensión. Luego escribió unas palabras en un papel y entregó éste a doña Casilda. Por fin ella dejó de hablar y preguntó al médico:

—¿Qué es esto, doctor?

—Unas pastillas; debe tomar una tres veces al día, después de cada comida.

—¿Qué tengo, doctor?

—Habla usted sin parar.

—¿Y esto es una enfermedad?

—No, señora, pero da dolor de cabeza a los demás.

NOTAS

1. **Busque las frases verdaderas correspondientes**

    Doctor, me encuentro muy bien.
    Doctor, me siento muy mal.

    1. Duermo muy bien.
    2. Doña Casilda dejó de hablar de sus dolencias.
    3. El doctor hizo un gesto de complacencia.
    4. La paciente contestó negativamente.
    5. Debe tomar una cuatro veces al día, antes de cada comida.

2. **Busque los sinónimos de**

    1. Triste.
    2. Estoy muy mal.
    3. Continuó.
    4. Levantó.
    5. Contestó.
    6. Dio.

3. **Componga cinco frases, de acuerdo con la historia**

Padezco	insomnio
Me dan	caso
No hizo	de hablar
Le tomó	escalofríos
Ella dejó	el pulso

4. **Lea a su compañero**

A: Doña Casilda e▶ó muy afligida en el despacho de su m▶ de cabecera. «Doctor, me s▶ muy mal; me duele la c▶ todo el tiempo; padezco insomnio, tengo p▶, me sienta mal la comida, me d▶ escalofríos». «Un momento, por favor», dijo el m▶. Pero doña C▶ no hizo c▶ y siguió hablando de sus dolencias, con gran d▶. El doctor m▶ó su reloj e hizo un gesto de i▶, pero ella no pareció notarlo. Por f▶ aquél alzó enérgicamente una m▶ y la interrumpió: «¿Tiene usted a▶?».

B: La paciente r▶ó afirmativamente y e▶ó a hablar de sus platos favoritos. Mientras t▶ el médico la auscultó y le tomó el p▶ y la tensión. Luego e▶ó unas palabras en un papel y entregó é▶ a doña C▶. Por fin ella dejó de hablar y pr▶ó al médico: «¿Qué e▶ esto, doctor?». «Unas p▶; debe tomar una tres v▶ al día, después de c▶ comida». «¿Qué t▶, doctor?». «Habla usted sin p▶». «¿Y esto es una e▶?». «No, señora, pero da d▶ de cabeza a los d▶».

5. 1) A y B dialogan usando los siguientes datos: A es un enfermo y B es un médico. B pregunta a A: 1) qué le pasa; 2) si tiene fiebre; 3) si le duele el vientre. A responde sucesivamente: 1) que tiene diarrea; 2) que no tiene fiebre; 3) que no le duele el vientre. Luego B receta unas gotas a A y le dice que *tiene que tomar diez después de cada comida*.

   2) A y B cambian de papel y componen un diálogo del mismo tipo, pero usando, en lo posible, otras palabras.

6. Complete correctamente cada frase

peinó, termómetro, conocerla, te, sientan, conocí

1. ¿Cómo .... sientes?
2. No *me* .... bien los helados.
3. Ésa es Carmen. ¿Quieres ....?
4. Yo *los* .... en Roma.
5. *La* .... su madrina.
6. *Le* puse el ....

R C O N E J O M T
T M A R F S Ñ U X
C H L U N A J C V
C S F G H Z W E B
L X T L R C D R F
A G H I J K L D N
V S R B O L S O Ñ
E C H R D L F K G
L I J O R E I N A

❶: Localice, de izquierda a derecha y de arriba abajo, los nombres de los siete dibujos que rodean el cuadro.

❷: Ordene adecuadamente las letras y obtendrá el nombre de cinco profesiones.

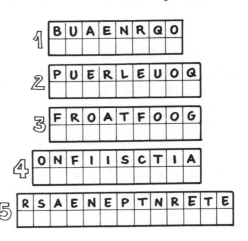

1. B U A E N R Q O
2. P U E R L E U O Q
3. F R O A T F O O G
4. O N F I I S C T I A
5. R S A E N E P T N R E T E

EL ATRACTIVO DEL HOTEL "ATLÁNTICO"

El hotel «Atlántico» tenía varias cosas curiosas. En primer lugar, el nombre, pues este hotel estaba en el Mediterráneo...

Nosotros pasábamos quince días de agosto todos los años en el hotel «Atlántico». Éramos cuatro de familia y alquilábamos tres habitaciones: una doble para mis padres, una individual para mí y otra individual para mi hermano.

Según el folleto de propaganda, el hotel estaba «a tres minutos de la playa». Esto era verdad en coche, pero no a pie. A pie la playa estaba a unos veinte minutos...

«La comida es sabrosa», decía el mismo folleto. No había duda, pero tomábamos la misma tortilla española todas las noches, y la misma merluza rebozada cinco días por semana...

«Hay agua caliente en todas las habitaciones», se leía también allí. Sí, esto era verdad, pero nunca antes de las once de la mañana...

A pesar de todos estos inconvenientes, todos los años volvíamos al hotel «Atlántico». No había empleados más cordiales y simpáticos en todo el Mediterráneo.

NOTAS

1. Responda a las preguntas siguientes

1. ¿Cuántos días pasábamos todos los años en el hotel «Atlántico»?
2. ¿Qué habitaciones alquilábamos?
3. ¿Cuántas veces por semana tomábamos merluza rebozada?
4. ¿A qué hora empezaba el agua caliente?
5. ¿Cómo eran los empleados del hotel «Atlántico»?

2. Componga cinco frases, de acuerdo con la historia

A pesar de	por semana
No había empleados	sabrosa
Éramos	cuatro de familia
Cinco días	su nombre
La comida es	más cordiales

3. Pregunte o responda

A: —¿En qué mar e▶ba el hotel «Atlántico»?
B: —En el M▶.

B: —¿C▶ días pasábamos en el h▶ «A▶»?
A: —Q▶.

A: —¿C▶ se tardaba en coche a la playa?
B: —Tres m▶.

B: —¿C▶ se tardaba a p▶ a la playa?
A: —U▶ veinte minutos.

4. Lea a su compañero

A: El h▶ «Atlántico» tenía v▶ cosas curiosas. En primer l▶, el nombre, pues este h▶ e▶ba en el Mediterráneo. Nosotros p▶bamos quince días de agosto t▶ los años en el h▶ «A▶». É▶mos cuatro de familia, y alquilábamos tres h▶, una d▶ para mis padres, una i▶ para mí y otra i▶ para mi hermano. Según el folleto de p▶, el h▶ e▶ba a tres minutos de la pl▶. Esto e▶a verdad en c▶, pero no a pie. A pie la playa e▶ba a unos veinte minutos...

B: «La c▶ es sabrosa», decía el mismo f▶. No h▶ía duda, p▶ tomábamos la misma tortilla e▶ todas las n▶, y la misma m▶ rebozada cinco días p▶ semana... «H▶ agua c▶ en todas las habitaciones». Sí, esto también e▶a verdad, pero nunca a▶ de las once de la mañana... A p▶ de todos estos i▶, todos los a▶ volvíamos al h▶ «A▶». No h▶ía empleados más cordiales y s▶ en todo el Mediterráneo.

5. 1) Describa brevemente el colegio donde estudió de niño.

2) Cuente en unas cuantas frases qué hacía después de volver del colegio.

Use el **imperfecto de indicativo** en ambos casos.

6. Coloque la forma apropiada del imperfecto de «ser», «estar» o «haber»

1. Los guantes .... sobre el radiador.
2. El empleado .... muy simpático.
3. El mercado .... junto al Ayuntamiento.
4. Las carreteras .... malas en aquel tiempo.
5. ¿............................ ducha en la habitación?

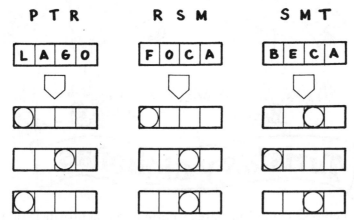

❶: Forme nuevas palabras introduciendo sucesivamente cada una de las tres letras dadas en la casilla marcada con un círculo.

❷: Cambie las sílabas de estas cuatro palabras y obtendrá otras nuevas.

Turistas y cigüeñas

Mi pueblo se llama Encinares y pertenece a la provincia de Cáceres. Allí tenemos un puente romano y restos de un acueducto, también romano. El pueblo conserva algunos trozos de una muralla medieval. Y hay varios palacios e iglesias muy antiguos.

Encinares está en una zona agrícola y ganadera. Allí se produce trigo, cebada y centeno, y hay muchos rebaños de ovejas.

A Encinares venían muchos turistas. Visitaban nuestros monumentos, comían en nuestros restaurantes y hacían muchas fotografías. También compraban cosas típicas, como cacharros de cerámica y bordados hechos a mano.

Yo hacía a menudo de guía para los turistas. Les enseñaba las cosas interesantes y les hablaba de nuestra historia. Muchos turistas extranjeros se sorprendían de ver grandes nidos de cigüeñas sobre las torres de las iglesias.

—Vienen en enero —les decía yo—, y se van al Norte de África a finales de agosto.

—¿Aquí también traen a los niños? —me preguntaban.

—¡Claro!

Se echaban a reír y hacían fotografías de las cigüeñas y de sus enormes nidos.

NOTAS

1. Responda a las preguntas siguientes

1. ¿Qué monumentos romanos hay en Encinares?
2. ¿Qué compraban los turistas en Encinares?
3. ¿Qué ganado hay en Encinares?
4. ¿De qué se sorprendían muchos turistas?
5. ¿Dónde pasan el otoño las cigüeñas?

2. Busque en la historia los sinónimos de

1. Pedazos.
2. Viejos.
3. Adquirían.
4. Región.
5. Frecuentemente.
6. Mostraba.

3. Pregunte o responda

A: —¿C▶ se llama mi pueblo?
B: —Encinares.

B: —¿Q▶ artículos interesaban a los t▶?
A: —Los cacharros de cerámica y los bordados h▶ a mano.

A: —¿Q▶ se produce en E▶?
B: —T▶, cebada y centeno.

B: —¿C▶ viene las cigüeñas a E▶?
A: —En e▶.

4. Lea a su compañero

A: Mi pueblo se llama E▶ y p▶ a la provincia de Cáceres. Allí t▶ un puente romano y r▶ de un acueducto, también romano. El pueblo c▶ algunos trozos de una muralla medieval. Hay v▶ palacios e iglesias muy a▶. A E▶ v▶ían muchos turistas. V▶ban nuestros monumentos, c▶ían en nuestros restaurantes y h▶ían muchas fotografías. También c▶ban cosas típicas, c▶ cacharros de cerámica y bordados hechos por las m▶ del pueblo.

B: E▶ e▶ en una zona agrícola y ganadera. A▶ se produce trigo, c▶ y centeno, y h▶ muchos rebaños de o▶. Yo h▶ía a menudo de guía p▶ los turistas. Les enseñaba las c▶ interesantes y les h▶ba de nuestra historia. M▶ turistas extranjeros se sorprendían de ver grandes n▶ de cigüeñas sobre las torres de las i▶.

5. Describa brevemente su pueblo o ciudad: hable de sus cosas más particulares o sobresalientes.

6. Coloque u omita correctamente la palabra «se»

a) 1. El dueño de aquel restaurante .... cocinaba muy bien.
   2. En aquel restaurante .... cocinaba muy bien.
   3. La gente de este pueblo .... habla portugués.
   4. En este pueblo .... habla portugués.

b) 1. Javier .... echaba después de comer.
   2. Javier .... echaba mis cartas al buzón.
   3. Sara .... vestía a su hermana.
   4. Sara .... vestía en un momento.

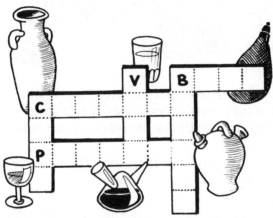

❶: Escriba los nombres de seis recipientes para líquidos.

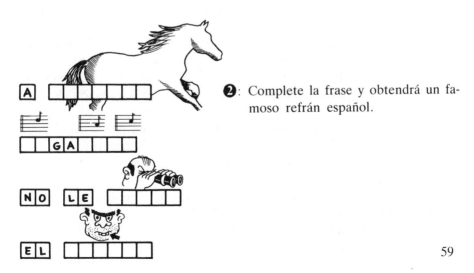

❷: Complete la frase y obtendrá un famoso refrán español.

59

vacaciones en setiembre

Mariano Sánchez era controlador aéreo en el aeropuerto del Prat, de Barcelona. Su mujer, Sonia, tenía una tienda de ropa infantil en el centro de aquella ciudad. El matrimonio tenía un niño de ocho años y una niña de seis.

Mariano ayudaba a Sonia en la tienda y traía a los niños del colegio. Ella los llevaba por la mañana. Ambos se movían siempre en coche. Era un matrimonio muy ocupado.

La familia Sánchez, una típica familia de la gran ciudad, pasaba el mes de agosto en un pueblecito pesquero de la provincia de Tarragona. Allí todos se bañaban, descansaban y Mariano practicaba la pesca de caña.

Un 31 de agosto, la familia Sánchez se preparaba para regresar a Barcelona. Era el fin de unas maravillosas vacaciones. Había que volver al trabajo al día siguiente. Hacía un día espléndido. La dueña del hotel regaba el jardín y, desde la ventana de su habitación, Sonia le decía:

—Ahora nos vamos todos: el hotel se queda en paz y usted puede ya disfrutar del sol y de la playa. ¿Está usted contenta?

—Sí, ¡pero yo no paso las vacaciones aquí!

—¿Ah, no?

—Este pueblo es muy aburrido cuando se van los veraneantes.

—¿Y adónde va usted?

—¡A Barcelona!

NOTAS

1. Responda a las preguntas siguientes

1. ¿Dónde estaba la tienda de Sonia?
2. ¿Quién llevaba los niños al colegio?
3. ¿Qué deportes practicaba Mariano Sánchez durante las vacaciones de verano?
4. ¿Cómo fueron aquellas vacaciones?

2. Busque en la historia los sinómimos de

1. De niño.
2. Los dos.
3. Residía.
4. Fantásticas.
5. Propietaria.
6. Gozar.

3. Pregunte o responda

A: —¿C▶ era la profesión de Mariano Sánchez?
B: —Controlador a▶.

B: —¿Q▶ traía a los niños del c▶?
A: —M▶.

A: —¿D▶ pasaba la familia Sánchez las v▶ de verano?
B: —En un p▶ de Tarragona.

B: —¿Q▶ fecha era aquel día?
A: —Treinta y uno de a▶.

A: —¿Q▶ tiempo hacía?
B: —Espléndido.

4. Lea a su compañero

A: Mariano Sánchez era c▶ aéreo en el aeropuerto del Prat, de Barcelona. Su m▶, Sonia, tenía una tienda de r▶ infantil en el c▶ de aquella c▶. El matrimonio t▶ía un niño de ocho a▶ y una n▶ de seis. M▶ a▶ba a S▶ en la t▶ y traía a los niños del colegio. Ella l▶ llevaba por la mañana. A▶ se movían s▶ en coche. E▶a un matrimonio muy o▶.

B: La f▶ Sánchez, una típica f▶ de la gran ciudad, p▶ba el mes de agosto en un pueblecito pesquero de la p▶ de Tarragona. Allí todos se bañaban, d▶an y M▶ practicaba la p▶ de caña. Un 31 de agosto, la f▶ S▶ se preparaba p▶ regresar a Barcelona. Era el f▶ de unas m▶ vacaciones. Había q▶ volver al t▶. H▶ía un día espléndido.

5.
Cuente brevemente cómo pasaba las vacaciones de verano cuando era niño. Use el **imperfecto de indicativo** en cada frase.

6. Coloque la forma apropiada del presente de «ser», «estar», «hacer» o «haber»

1. «¿........................... bueno?» «No, ... mucho viento».
2. El lunes .... 20.
3. ¿........................... usted enfadada?
4. «........................... que trabajar más, amigos».
5. .... una persona muy feliz.

❶: Localice, de izquierda a derecha y de arriba abajo, los nombres de los ocho dibujos que rodean el cuadro.

```
G C A Q B R A C A
A U O F L A N V S
D R I L B E I F L
M E L O N O G G L
A H I R T N A I A
P A N L J A F K M
A L E M P N A T A
J I A Ñ O A S R R
N P O C A R T A R
```

❷: Ordene adecuadamente las letras y obtendrá cuatro palabras relacionadas con la música.

1. GAURIRTA
2. POINA
3. VLINOI
4. COACNIN

Estrella era una chica muy guapa y tenía muchos admiradores. Era secretaria en una gran agencia de viajes. Trabajaba mucho de lunes a sábado. El sábado por la noche Estrella se divertía.

Era domingo. Eran las 12,30 de la mañana y Estrella dormía tranquilamente. Sonó el teléfono. Estrella se despertó y cogió el aparato medio dormida.

—¡Dígame!

—¡Hola, cariño!

—Hola, cielo. ¿Qué hora es?

—Son las doce y media pasadas.

—No me extraña. ¡Qué noche!

—Maravillosa, ¿no?

—Una noche de pecado.

—Bueno, no tanto.

—Oye, ¿qué te pasa en la voz?

—No sé.

—Fumas y bebes demasiado: ésa es la razón.

—¿Me das un beso?

—Estoy casi dormida, chico; no me apetece todavía.

—A mí, sí, escucha.

—Pero ¡qué ardor, Lorenzo!

—¡Cómo «Lorenzo»! Por favor, no me cambies el nombre, Filo.

—¡Cómo «Filo»! Bueno... Oiga, ¿a qué número llama usted?

—Al 279 86 31.

—¡Ay, Dios, éste es el 279 86 32!

1. **Responda a las preguntas siguientes**

    1. ¿Dónde trabajaba Estrella?
    2. ¿Qué hacía Estrella el sábado por la noche?
    3. ¿A qué hora sonó el teléfono?
    4. ¿Cuál era el número de teléfono de Estrella?

2. **Componga seis frases, de acuerdo con la historia**

Estrella dormía	a sábado
De lunes	pasadas
Estrella	tranquilamente
Eran las 12,30	en la voz?
¿Qué te pasa	todavía
No me apetece	se despierta

3. Pregunte o responda

A: —¡D▶!
B: —¡H▶, cariño!

B: —H▶, cielo. ¿Q▶ h▶ e▶?
A: —S▶ las doce y media p▶.

A: —Oye, ¿q▶ te p▶ en la voz?
B: —No sé.

B: —Fumas y bebes d▶: ésa es la r▶.
A: —¿Me d▶ un beso?

A: —E▶ casi d▶, chico, no me a▶ todavía.
B: —A mí, sí, e▶.

B: —Pero ¡qué ardor, Lorenzo!
A: —¡C▶ «Lorenzo»! Por favor, no me c▶ el nombre, Filo.

4. Lea a su compañero

A: Estrella era una ch▶ muy guapa y tenía muchos a▶. Era secretaria en una gran a▶ de viajes. Trabajaba mucho de l▶ a sábado. El sábado por la noche Estrella se d▶ía.

B: E▶a domingo. E▶an las 12,30 de la mañana y Estrella d▶ía tranquilamente. Sonó el teléfono. Estrella se d▶ó y c▶ó el aparato medio d▶.

5. 1) A llama por teléfono a B, su esposa; la saluda y le dice que no puede *ir a cenar;* tiene *que cenar con* su *jefe y unos clientes importantes.* Ella le llama *embustero.* Él pregunta *por qué* y ella responde que sabe *positivamente que* su *jefe está fuera, en Bruselas.*

2) A y B cambian ahora sus papeles y componen un diálogo del mismo modelo que el anterior, pero de su propia invención.

6. Complete correctamente cada frase

prisa, igual, siempre, jardín, domingos

1. Las dos ventanas *dan* al ....
2. ¿Qué *dan* de desayuno los ....?
3. «¿Qué prefieres, miel o mermelada?» «Me *da* ....».
4. Elvira *da* .... las gracias.
5. Jacinto no se *da* ....

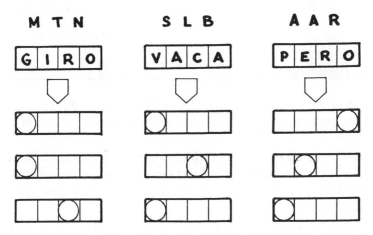

❶: Forme nuevas palabras introduciendo sucesivamente cada una de las tres letras dadas en la casilla marcada con un círculo.

❷: Ordene este alboroto de palabras para encontrar una frase con sentido.

Doña Margarita tenía un apetito excelente y estaba muy contenta de ello. Pesaba ochenta kilos, pero no tenía la menor intención de adelgazar.

Aquel día el marido de doña Margarita estaba fuera, y ella no tenía ganas de cocinar. Se metió en un restaurante y pidió tres platos y postre. El primero de ellos, una sopa, llegó pronto, pero doña Margatita puso mala cara.

Luego vino el camarero con un plato de pescado, y doña Margarita hizo un gesto de disgusto. Llegó después el tercer plato y doña Margarita protestó:

—¡Pero este filete es pequeñísimo!

—Es normal, señora —aseguró el camarero.

—¿Normal? ¿Llama usted también normal a los dos salmonetes del segundo plato? ¿Y es normal una sopa de jamón sin jamón? ¡No hay derecho! ¡Y qué precios!

—Nuestra mayor preocupación es la salud de nuestros clientes, señora. Por eso damos poca comida. Además, no obligamos a nadie a comer aquí.

—¡Pero qué cinismo! ¡Esto es una estafa!

—Somos totalmente sinceros, señora.

—Ustedes engañan a la gente.

—Bueno, bueno, ¿pero no sabe usted cómo se llama nuestro restaurante?

—No.

—¡Ah, ya comprendo! Se llama «Comidas para adelgazar», señora.

NOTAS

1. Busque en la historia frases de igual significado

Doña Margarita comía mucho.
Doña Margarita tenía un apetito excelente.

1. No deseaba adelgazar.
2. Ella no quería hacer la comida.
3. ¡Esto es un abuso!
4. Comer aquí es voluntario.
5. ¿Pero no conoce usted el nombre de nuestro restaurante?

2. Componga seis frases, de acuerdo con la historia

¡No hay	tres platos y postre
Doña Margarita pidió	derecho!
Doña Margarita hizo	precios!
¡Y qué	una estafa!
¡Esto es	sinceros
Somos totalmente	un gesto de disgusto

3. Pregunte y dé la respuesta correcta

A	B
¿Cuántos kilos p▶ba doña Margarita?	Una sopa
¿Cuántos pl▶ pidió doña Margarita?	Tres platos y p▶
¿C▶ fue el primer plato?	Ochenta

B	A
¿C▶ fue el segundo pl▶?	Un filete
¿C▶ fue el tercer pl▶?	«C▶ para adelgazar»
¿C▶ se llamaba el restaurante?	Pescado

4. Lea a su compañero

A: Doña Margarita t▶ía un apetito excelente y e▶ba muy contenta de
e▶. P▶ba ochenta kilos, p▶ no tenía la menor i▶ de adelgazar.
Aquel día el m▶ de doña M▶ e▶ba fuera, y ella no tenía g▶ de
cocinar. Se metió en un r▶ y p▶ó tres platos y postre. El primero de
e▶, una sopa, llegó pr▶, pero doña M▶ puso mala c▶. L▶ vino el
camarero con un plato de p▶, y d▶ M▶ hizo un gesto de d▶. Llegó
d▶ el tercer plato y d▶ M▶ pr▶ó: «¡Pero este filete es p▶!».

B: «Es n▶, señora», aseguró el c▶. «¿Normal? ¿Llama usted t▶ normal
a los dos salmonetes del s▶ plato? ¿Y es n▶ una s▶ de jamón sin j▶?
¡No h▶ derecho! ¡Y qué pr▶!». «Nuestra m▶ preocupación es la s▶
de nuestros clientes, s▶. Por eso d▶ poca comida. Además, no o▶ a
nadie a comer aquí». «¡Pero qu▶ cinismo! ¡E▶ es una estafa!». «S▶
totalmente sinceros, s▶». «Ustedes engañan a la g▶». «Bueno, bueno, ¿pero no s▶ usted cómo s▶ ll▶ nuestro restaurante?». «No».
«¡Ah, ya c▶! Se ll▶ "Comidas p▶ adelgazar", s▶».

5.

1) A, camarero, sirve a B, cliente, un plato de pescado. B exclama que
no hay derecho y agrega que *el pescado no está fresco.* El camarero
pide *perdón* al cliente y le pregunta *qué desea tomar en vez del pescado.* Éste responde que tortilla de espárragos.

2) A y B cambian de papel y componen un diálogo del mismo modelo,
pero usan, en lo posible, sus propias palabras.

6. Coloque la forma apropiada del presente de «ser», «estar» o «haber»

1. Mi hijo .... hoy en el campo.
2. No .... parada de autobús aquí.
3. ¿............................ bastante fruta para todos?
4. ¿............................ natural una sopa de pollo sin pollo?
5. ¡Esto .... un robo, amigo!
6. Mi deseo .... aprender bien español.

❶: Escriba los nombres de ocho objetos integrantes del mobiliario de una casa.

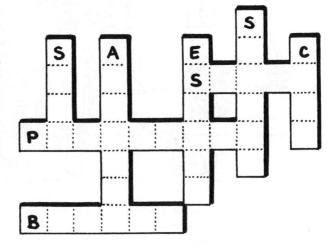

: Complete la frase y obtendrá un famoso refrán español.

¿DÓNDE ESTÁ LA IGLESIA DE LOS FRANCISCANOS?

Eran las once de la mañana de un domingo. Había poca gente y poco tráfico todavía por la calle. Don Camilo y doña Paquita caminaban por la acera. Delante de ellos corría y jugaba «Terry», su perro. Don Camilo llevaba en una mano el periódico del domingo, doña Paquita llevaba la corrèa del perro. Un coche paró junto a la pareja. El conductor preguntó:

—Oiga, por favor, ¿dónde está la iglesia de los Franciscanos?

—Vaya todo recto, gire a la izquierda en la segunda calle, y en seguida verá la iglesia; es de color rojo, de ladrillo —explicó doña Paquita.

Pero don Camilo no estaba conforme y dijo:

—Ésa es la iglesia de la Merced. La iglesia de los Franciscanos está en esta misma calle; al final de todo, a mano derecha.

—¡No es verdad! —protestó doña Paquita.

—¡Estás equivocada! —respondió don Camilo.

El coche arrancó y paró unos cien metros más allá, al lado de un quiosco de periódicos. Don Camilo y doña Paquita discutían todavía:

—¡Estás confundido!

—¡No llevas razón!

72

NOTAS

1. Responda a las preguntas siguientes

1. ¿Qué día de la semana era?
2. ¿Qué hacía «Terry»?
3. ¿De qué color era la iglesia de los Franciscanos, según doña Paquita?
4. ¿Dónde paró el coche poco después?

2. Busque en la historia los sinónimos de

1. Aún.
2. Andaban.
3. Todo seguido.
4. Vuelva.
5. De acuerdo.
6. Contestó.

3. **Pregunte o responda**

   A: —¿Qué h► era?
   B: —Eran las once de la m►.

   B: —¿P► dónde caminaban don Camilo y doña Paquita?
   A: —P► la acera.

   A: —¿Q► llevaba don Camilo en una mano?
   B: —El p► del domingo.

4. **Lea a su compañero**

   A: E►an las once de la mañana de un d►. H►ía poca gente y poco
   tráfico p► la calle. Don Camilo y doña Paquita c►ban p► la acera.
   D► de ellos corría y jugaba «Terry», su perro. Don Camilo ll►ba en
   una mano el p► del domingo, doña Paquita ll►ba la correa del perro.
   Un coche paró j► a la pareja. El conductor preguntó: «Oiga, por
   favor, ¿d► está la iglesia de los Franciscanos?»

   B: «V► todo recto, gire a la izquierda en la segunda calle, y en s► verá
   la iglesia; e► de color rojo, de ladrillo», explicó doña Paquita. Pero
   don Camilo no e►ba conforme y dijo: «Ésa es la i► de la Merced. La
   i► de los Franciscanos e► en esta misma calle; al f► de todo, a m►
   derecha».

5. A y B componen dos diálogos. En el primero A es el forastero y B es
   alguien de la ciudad. En el segundo diálogo se cambian los papeles. El
   forastero pregunta *dónde está* una cierta calle, plaza, parque, edificio, etc.
   Expresiones útiles para responder, además de las de la historia, son, «al
   lado de», «detrás de», «enfrente», «lejos», «cerca», «cruce», «siga», etc.

6. Complete correctamente cada frase

traje, rosa, Madrid, prisa, dinero, razón

1. Doña Paquita *lleva* algún ....
2. Doña Paquita *lleva* un vestido de color ....
3. Don Camilo *lleva* un .... nuevo.
4. El conductor *lleva* mucha ....
5. Don Camilo *lleva* treinta años en ....
6. ¿Está equivocado don Camilo? No, *lleva* ....

❶: Localice, de izquierda a derecha y de arriba abajo, los nombres de los siete dibujos que rodean el cuadro.

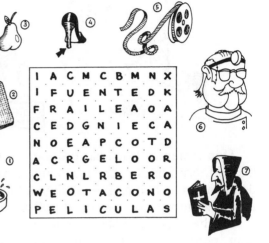

```
I  A  C  M  C  B  M  N  X
I  F  U  E  N  T  E  D  K
F  R  A  I  L  E  A  O  A
C  E  D  G  N  I  E  C  A
N  O  E  A  P  C  O  T  D
A  C  R  G  E  L  O  O  R
C  L  N  L  R  B  E  R  O
W  E  O  T  A  C  O  N  O
P  E  L  I  C  U  L  A  S
```

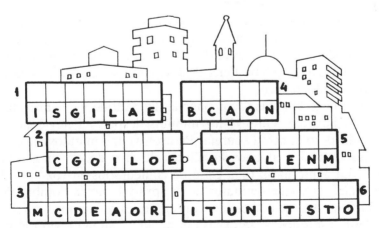

❷: Ordene adecuadamente las letras y obtendrá los nombres de seis edificios.

75

¿DÓNDE ESTÁ DON AMANCIO?

Don Amancio Buendía, profesor de latín de la Universidad de Valladolid, era famoso por su sabiduría, por tener un corazón muy duro de enamorar y por su gran afición al billar. Todos los días del año don Amancio jugaba su partida de billar en el Casino de la ciudad.

Muchas chicas guapas estaban enamoradas de este sabio profesor de latín, pero él no hacía mucho caso a ninguna. Tenía cuarenta y cinco años y estaba todavía soltero.

Pero inesperadamente, don Amancio se hizo novio de una guapa alumna suya. La noticia causó sensación en todo Valladolid.

Tres meses después llegó el día de la boda. Unos minutos antes de la hora la iglesia ya estaba llena de invitados. La novia llevaba un espléndido vestido blanco.

Primero llegó la novia, acompañada del padrino y de varios familiares. Era la hora en punto. Diez minutos después el novio no estaba todavía allí, pero la novia sonreía. Pasaron veinte minutos más. La novia ya no sonreía y algunos familiares de él y de ella mostraban su disgusto. La gente hacía toda clase de comentarios en voz baja. Pasaban ya cuarenta y cinco minutos de la hora y la novia lloraba. Por fin apareció don Amancio, vestido con su traje de diario.

—¡Perdón a todos! —se excusó el novio—. Se me olvidó la boda y me fui a jugar mi partida de billar.

NOTAS

1. Responda a las preguntas siguientes

1. ¿Cuál era la gran ·afición de don Amancio?
2. ¿Qué pasó inesperadamente?
3. ¿Cuándo llegó la novia a la iglesia?
4. ¿De qué se olvidó don Amancio?

2. Busque en la historia los nombres correspondientes a estos adjetivos

1. Sabio.
2. Aficionado.
3. Ciudadano.
4. Sensacional.
5. Mensual.
6. Diario.

3. **Pregunte o responda**

A: —¿Qué e▶a don Amancio Buendía?
B: —Profesor de l▶ en la U▶ de Valladolid.

B: —¿Q▶ edad t▶ía don A▶?
A: —Cuarenta y cinco años.

A: —¿De qu▶ se hizo novio d▶ A▶?
B: —De una g▶ alumna s▶.

B: —¿P▶ qué ll▶ba la novia?
A: —P▶ el n▶ no llegaba.

A: —¿Qu▶ vestía d▶ A▶?
B: —Un tr▶ de diario.

4. **Lea a su compañero**

A: Don Amancio Buendía era f▶ por su sabiduría, p▶ tener un c▶ muy duro de enamorar y p▶ su gran a▶ al billar. Todos los días del año d▶ Amancio j▶ba su partida de billar en el Casino de la c▶. Muchas chicas guapas e▶ban enamoradas de este s▶ profesor de latín, pero él no h▶ía mucho caso a ninguna. Pero inesperadamente, don A▶ se hizo novio de una g▶ alumna s▶. La noticia c▶ó sensación en todo Valladolid.

B: Tres meses después ll▶ó el día de la boda. Unos minutos a▶ de la hora la iglesia ya e▶ba llena de invitados. La novia ll▶ba un espléndido vestido blanco. Primero ll▶ó la novia, acompañada del p▶ y de varios familiares. E▶a la hora en punto. Diez minutos d▶ el novio no e▶a todavía allí, pero la novia sonreía. P▶on veinte minutos más. La novia ya no s▶ía y algunos familiares de él y de ella m▶ban su disgusto. La gente h▶ía toda clase de comentarios en voz b▶. P▶ban ya cuarenta y cinco minutos de la hora y la novia ll▶ba. Por fin a▶ó don A▶. «¡Perdón a todos! —se excusó el novio—. Se me o▶ó la boda y me fui a jugar mi p▶ de billar».

5. Hable de algún personaje interesante de su ciudad o país. Diga cómo era y a qué se dedicaba. Cuente algo curioso en relación con ese personaje.

6. Complete correctamente cada frase

estaba, se, llevaba, caso, vacío, *por, le,* hice

1. Don Gregorio era muy famoso .... sus chistes.
2. Yo no hice .... a sus consejos.
3. Blanca no .... todavía casada.
4. *Me* .... socio de un club de natación.
5. El teatro *estaba* casi ....
6. El padrino .... chistera y bastón.
7. Se .... olvidaron las llaves.
8. .... fueron temprano.

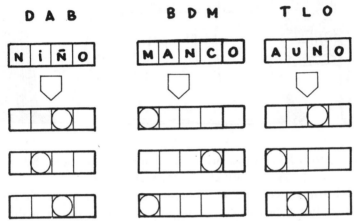

❶: Forme nuevas palabras introduciendo sucesivamente cada una de las tres letras dadas en la casilla marcada con un círculo.

❷: Cambie las sílabas de las siguientes palabras y obtendrá otras nuevas.

UN POLLO MUY BUENO

Don Faustino Rueda era profesor de lengua española. Sus alumnos eran chicos y chicas de quince a diecisiete años.

Don Faustino enseñaba gramática y ortografía a sus alumnos. La ortografía, sobre todo, era muy importante para don Faustino.

Aquel día don Faustino y su esposa celebraban el aniversario de su boda. Se fueron a cenar a un conocido restaurante de su ciudad. Marido y mujer iban muy bien vestidos. Era un sitio elegante, y la comida, de primera calidad.

Don Faustino y doña Clara, su esposa, se sentaron a una mesa. Pronto vino el camarero y les presentó la carta. El profesor y su esposa examinaron la carta atentamente. De pronto don Faustino puso cara de horror.

—¿Qué te pasa, querido? —preguntó doña Clara a su esposo.

—¡Una falta de ortografía en el menú!

—¿Dónde? ¡No es posible, éste es un restaurante de lujo!

El camarero escuchaba con atención a sus dos clientes.

—¡Mira, «poyo» con «ye»!

—No, señor —explicó el camarero amablemente—. Es pollo asado con champiñón. ¡Y está muy bueno!

NOTAS

1. **Responda a las preguntas siguientes**

   1. ¿Qué enseñaba don Faustino?
   2. ¿Qué celebraban aquel día don Faustino y su esposa?
   3. ¿Cómo se llamaba la esposa de don Faustino?
   4. ¿Dónde estaba la falta de ortografía?

2. **Busque en la historia los sinónimos de**

   1. Muchachos.
   2. Cumpleaños.
   3. Lugar.
   4. Llega.
   5. Error.
   6. Rico.

3. **Pregunte o responda**

A: —¿Qu▶ era don Faustino Rueda?
B: —Profesor de lengua e▶.

B: —¿C▶ era el restaurante de la historia?
A: —E▶.

A: —¿Q▶ vio don Faustino en el menú?
B: —Una falta de o▶.

B: —¿C▶ escuchaba el camarero a sus dos cl▶?
A: —Con a▶.

4. **Lea a su compañero**

A: Don Faustino e▶ba gramática y ortografía a sus alumnos. La ortografía, s▶ todo, e▶a muy importante para don Faustino. Aquel día don Faustino y su esposa c▶ban el aniversario de su b▶. Se fueron a c▶ a un conocido restaurante de su c▶. Marido y m▶ iban muy bien v▶. Era un s▶ elegante, y la comida, de primera c▶.

B: Don Faustino y doña Clara, su esposa, se s▶on a una mesa. P▶ vino el camarero y l▶ presentó la carta. El profesor y su esposa e▶on la carta atentamente. De p▶ don Faustino puso cara de horror. «¿Qué te p▶, querido?», preguntó doña Clara a su esposo. «¡Una f▶ de ortografía en el menú!». «¿Dónde? ¡No es posible, éste es un restaurante de l▶!».

5. 1) A come en un restaurante y B es el camarero. B dice a A que *hay una mosca en la sopa.* A responde que *no es posible,* que aquél *es un restaurante de lujo.* B señala con el dedo y dice: *¡Mire, mire! ¡No hay derecho!* A mira con atención y exclama que aquello *no es una mosca, es un mosquito.*

   2) Ahora A y B cambian de papel en una situación parecida de su propia invención.

82

6. Complete correctamente cada frase

diez, días, pueblo, amigo, sal

1. ¿Qué le *pasa*, ...
2. *Paso* por aquí todos los ....
3. El cartero *pasa* a las ....
4. ¿Qué *pasa* en el ....?
5. *Pasa* la ...., por favor.

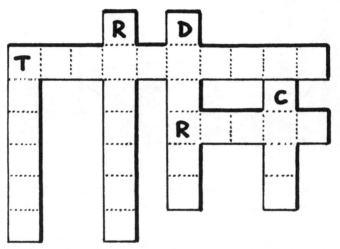

❶: Escriba los nombres de cuatro medios de comunicación social y dos espectáculos.

❷: Complete la frase y obtendrá un famoso refrán español.

83

SE NECESITA CHICA PARA PELÍCULA

Mi amigo Ricardo Castro es director de cine. Hace unos meses nos encontramos en la calle. Buscaba actores y actrices para una nueva película.

—No voy a utilizar una actriz profesional para protagonista —me dijo.

—Eso es un poco arriesgado, ¿no?

—Sí, bastante, pero puede ser más natural y espontáneo.

—¿Y cómo encontrar la persona apropiada?

—Voy a poner un anuncio en los periódicos.

Poco después salió el anuncio de mi amigo. Aquél decía: PARA PAPEL DE UNA PELÍCULA SE NECESITA CHICA ENTRE 18 Y 21 AÑOS, DELGADA, 1,70 A 1,75 DE ESTATURA, PELO RUBIO Y OJOS AZULES. MANDAR FOTO EN BAÑADOR.

Mi amigo recibió unas quinientas cartas. De ellas cincuenta no incluían fotografía. Ochenta incluían fotografía pero no en traje de baño. Cuatrocientas eran de señoras mayores de treinta y cinco años, algunas no delgadas precisamente.

Las preseleccionadas fueron treinta. Éstas sufrieron una rigurosa entrevista y, finalmente, obtuvo el papel una chica con todos los requisitos menos uno. Era una rubia teñida.

NOTAS

1. Responda a las preguntas siguientes

1. ¿Qué profesión tenía Ricardo Castro?
2. ¿Por qué buscaba una actriz no profesional?
3. ¿Qué clase de foto debían mandar las interesadas?
4. ¿Cuántas cartas llegaron con fotografía incorrecta?
5. ¿Escribieron a Ricardo Castro algunas señoras gordas?

2. Busque en la historia palabras correspondientes a estos verbos

1. Dirigir.
2. Anunciar.
3. Fotografiar.
4. Bañarse.
5. Entrevistar.
6. Teñir.

3. **Pregunte o responda**

A: —¿C▶ se encontraron los dos amigos?
B: —H▶ unos meses.

B: —¿Qué hizo R▶ Castro para e▶ la persona adecuada?
A: —Puso un anuncio en los p▶.

A: —¿Tardó mucho el a▶?
B: —No, s▶ó poco después.

B: —¿Cuántas c▶ llegaron sin fotografía?
A: —Cincuenta.

4. **Lea a su compañero**

A: Mi amigo Ricardo Castro e▶ director de c▶. Hace unos meses nos e▶amos en la calle. B▶ba actores y actrices para una nueva p▶. «No v▶ a utilizar una a▶ profesional para protagonista», m▶ dijo. «E▶ es un poco arriesgado, ¿n▶?». «Sí, b▶, pero puede ser más natural y espontáneo». «Y cómo e▶ la persona adecuada?». «Voy a p▶ un anuncio en los periódicos».

B: Poco d▶ salió el anuncio de mi amigo. Aquél d▶a: PARA P▶ EN UNA PELÍCULA S▶ NECESITA CHICA E▶ 18 Y 21 AÑOS, DELGADA, 1,70 A 1,75 DE ESTATURA, P▶ RUBIO Y OJOS A▶. MANDAR FOTO EN B▶. Mi amigo r▶ó unas quinientas cartas. De e▶ cincuenta no incluían fotografía. Ochenta i▶ían fotografías pero no en tr▶ de baño. Cuatrocientas eran de señoras m▶ de treinta y cinco años, a▶ no delgadas precisamente. Las preseleccionadas fueron treinta. É▶ sufrieron una rigurosa entrevista y, f▶, obtuvo el papel una ch▶ con todos los requisitos m▶ uno. Era una r▶ teñida.

5. A y B componen cada uno un anuncio distinto. En este anuncio se ofrece un trabajo determinado a una persona de características determinadas.

6. Complete correctamente cada frase

se, puede, *a*, *nos*, *vas*, menores

1. .... vimos en la boda de Ramón y Julia.
2. ¿............................... *a* salir este fin de semana?
3. Demasiado ejercicio .... *ser* perjudicial.
4. *Vamos* .... empapelar la casa.
5. .... necesita cajera experimentada.
6. Tenemos juguetes para .... *de* seis años.

❶: Localice, de izquierda a derecha y de arriba abajo, los nombres de los ocho dibujos que rodean el cuadro.

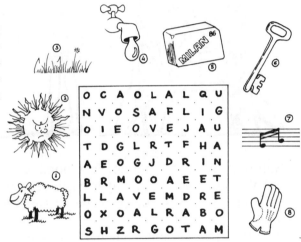

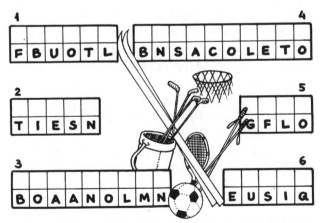

❷: Ordene adecuadamente las letras y obtendrá el nombre de seis deportes.

una extraña enfermedad

Nati tenía un novio marino. Este hombre hacía largos viajes por el mundo y estaba ausente la mayor parte del tiempo. Cuando Nati y su novio estaban juntos, después de largas separaciones, eran muy felices.

Nati trabajaba en una peluquería de señoras. Sus días de más trabajo eran el viernes por la tarde y el sábado por la mañana.

Un jueves por la tarde Nati dijo a su jefa:

—Mañana no puedo venir al trabajo: mi madre está enferma.

La jefa hizo un gesto de comprensión y dijo:

—Está bien, Nati, no te preocupes; tu madre es lo primero.

—Muchas gracias.

Dos meses después el marino regresó y disponía de unos cuantos días libres en tierra. Y aquel jueves Nati pidió permiso otra vez porque su madre estaba enferma.

Su jefa se quedó un momento pensando y por fin dijo:

—Oye, Nati, ¿por qué se pone tu madre enferma siempre en fin de semana?

Nati respondió sin vacilar:

—Es una enfermedad muy extraña, señora. Según el médico no es grave, pero aparece de vez en cuando en fin de semana.

NOTAS

1. Busque las frases verdaderas correspondientes

Nati era novia de un peluquero.
Nati tenía un novio marino.

1. Cuando Nati y su novio estaban separados... eran muy desgraciados.
2. Nati era dependienta de una perfumería.
3. «Mañana vengo al trabajo: mi madre está mejor».
4. Un mes después el marino se fue.
5. «Oye, Nati, ¿por qué se pone tu padre enfermo siempre los jueves?»

2. Busque los antónimos de

1. Presente.
2. Menor.
3. Sana.
4. Desgraciados.
5. Nunca.
6. Leve.

3. Pregunte o responda

A: —¿Cuál es tu día de más tr►?
B: —El lunes.

B: —El martes no puedo v► al trabajo, jefe.
A: —E► bien.

A: —¿Cuándo r►ó el marino?
B: —Una semana d►.

B: —Me duele la garganta.
A: —¡Siempre te p► enfermo en Navidad!

4. Lea a su compañero

A: Nati tenía un n► marino. Este hombre h►ía largos viajes por el mundo y estaba ausente la m► parte del tiempo. Cuando N► y su novio e►ban juntos, después de l► separaciones, eran muy f►. N► trabajaba en una p► de señoras. Sus d► de más trabajo e►an el viernes por la t► y el sábado por la mañana. Un j► por la tarde N► dijo a su j►: «Mañana no p► venir al trabajo: mi madre e► enferma». La j► hizo un gesto de comprensión y dijo: «Está bien, N►, no te pr►; tu m► es lo primero».

B: Dos m► después el marino regresó y disponía de u► cuantos días libres en t►. Y aquel jueves N► pidió p► otra vez p► su madre estaba enferma. Su jefa se qu►ó un momento pensando y por ► dijo: «Oye, N►, ¿por qué se p► tu madre s► enferma en fin de s►?». N► r►ó sin vacilar: «Es una enfermedad muy e►, señora. Según el médico no es gr►, pero aparece de v► en cuando en fin de semana».

5. 1) A, un empleado, pide permiso a B, su patrón, para no ir *al trabajo el día siguiente;* A da una razón. B responde a A que le puede *dar ese permiso, pero con una condición,* que *ese día no se lo* paga. A dice que *eso es injusto.*

   2) A hace de patrón y B de empleado. Inventan un diálogo parecido al anterior.

6. Complete correctamente cada frase

soy, está, puso, están, planta, *es*

1. ¿............................ presentes todos los alumnos?
2. Lourdes .... separada de su marido.
3. Yo .... feliz cuando trabajo.
4. Su comida más fuerte .... la cena.
5. Gaspar *se* .... muy enfermo de pronto.
6. *Es* una .... muy delicada.

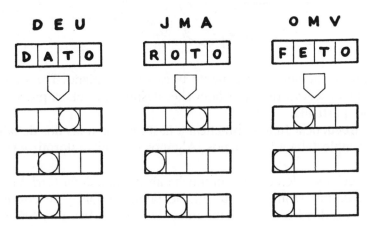

❶: Forme nuevas palabras introduciendo sucesivamente cada una de las tres letras dadas en la casilla marcada con un círculo.

❷: Busque en este alboroto de letras una frase con sentido.

¡ADIÓS, JUANITA, ADIÓS!

Juanita estudiaba intensamente la carrera de piano. Durante el día asistía al Conservatorio y por la noche, después de cenar, practicaba en su piano particular.

Con frecuencia Juanita practicaba hasta la una o las dos de la mañana. Esto molestaba a los vecinos. Algunos no podían dormir y se indignaban.

Los vecinos, además, tenían mucha antipatía a doña Carlota, la madre de Juanita. Doña Carlota era de familia noble y se consideraba superior a todos los demás habitantes de la casa. Era una señora muy orgullosa.

Llegó el verano y por la noche todos los vecinos abrían las ventanas para combatir el calor. Pero entonces el piano de Juanita se oía con más fuerza, y los vecinos gritaban: «¡Queremos dormir! ¡No hay derecho! ¡Esto es un abuso!».

Juanita aprobó sus exámenes con la máxima nota y le concedieron una beca para ampliar estudios en Viena. La noche antes de partir para aquella ciudad, doña Carlota y su hija dieron una fiesta de despedida a sus familiares y amigos. Simultáneamente, todos los vecinos de la casa celebraron el acontecimiento con una gran cena. Bebieron mucho champán y bailaron. La diversión duró hasta el amanecer, y una y otra vez los vecinos cantaban a Juanita una vieja canción:

¡Adiós con el corazón, que con el alma no puedo!
¡Al despedirme de ti, de sentimiento me muero!

Y luego aplaudían todos y gritaban: «¡Adiós, Juanita, adiós!».

1. Busque las frases verdaderas correspondientes

> Durante el día practicaba en su piano.
> *Durante el día asistía al Conservatorio.*

1. Después de cenar, practicaba en el piano del Conservatorio.
2. Esto agradaba a los vecinos.
3. Los vecinos, además, estimaban mucho a doña Carlota.
4. Por el día los vecinos cerraban las ventanas para combatir el calor.
5. Le negaron una beca para perfeccionar sus conocimientos en Roma.

2. Busque las palabras de significado más afín

1. Molestia.
2. Sueño.
3. Habitar.
4. Combate.
5. Grito.
6. Despedir.
7. Muerte.
8. Aplauso.

3. **Pregunte o responda**

A: —Entonces yo a► a la Universidad por la mañana.
B: —Yo a► por la tarde. P► la mañana yo trabajaba.

B: —Marcos es de f► noble.
A: —¡Eso dice él...!

A: —¿Oye usted el p► de Juanita?
B: —Sí, ¡cada vez con más f►!

B: —¡Juanita, qu► dormir! ¡Deja ese piano!
A: —¡Cierren las ventanas, idiotas!

4. **Lea a su compañero**

A: Juanita e►ba intensamente la carrera de piano. D► el día asistía al Conservatorio y p► la noche, después de cenar, practicaba en su piano p►. Con frecuencia Juanita pr►ba hasta la una o las dos de la mañana. Esto m►ba a los vecinos. Algunos no p►ían dormir y se indignaban. Los v►, además, t►ían mucha antipatía a doña Carlota. Doña C► era de f► noble y se consideraba s► a todos los d► habitantes de la casa. E►a una señora muy orgullosa. Ll►ó el verano y por la n► todos los vecinos a►ían las ventanas para combatir el c►.

B: Pero e► el piano de J► se oía con más fuerza, y los v► gritaban: «¡Queremos d►! ¡No h► derecho! ¡Esto es un abuso!». J► aprobó sus e► con la máxima nota y le c►on una beca para ampliar e► en Viena. La noche a► de partir para aquella c►, doña C► y su hija dieron una fiesta de despedida a sus f► y amigos. Simultáneamente, t► los vecinos de la casa c►on el acontecimiento con una gran c►. Bebieron mucho champán y b►on. La diversión d►ó hasta el amanecer, y una y otra vez los vecinos cantaban a J► una vieja c►: «¡Adiós con el c►, que con el alma no puedo! ¡Al despedirme de ti, de sentimiento me m►!». Y l► aplaudían todos y gr►ban: «¡Adiós, Juanita, adiós!».

5. Hable a su compañero de qué hacía cada día de la semana en cierta época de su vida (cuando vivía en el campo, cuando estudiaba el Bachillerato, etc.). Emplee siempre el **imperfecto de indicativo**.

6. Complete correctamente cada frase

antes, veía, tiene, *te,* concedieron, *ti, se,* para

1. ¿Por qué .... enfada usted?
2. No .... simpatía *a* su jefe.
3. ¿............................. consideras feliz?
4. Uso este líquido .... quitar las manchas.
5. No *se* .... el borde de la carretera.
6. ¿*Os* .... el préstamo?
7. Vemos el telediario .... *de* cenar.
8. Lola quería despedirse de ....

❶: Escriba los nombres de siete animales no domésticos.

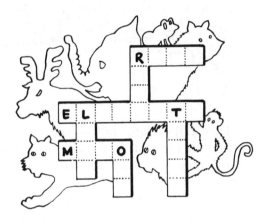

❷: Complete la frase y obtendrá un famoso refrán español.

UNA COMIDA ESTUPENDA

Paco López come hoy en casa de su amigo Álvaro Ferrín. A la mesa se sientan también la esposa de Álvaro, Laura, y sus tres niños. El primer plato es ensaladilla rusa. Paco se come rápidamente su parte y exclama:

—¡Está riquísima! ¿Me sirves un poco más, Laura?

—¡Cómo no! —responde Laura cortésmente. Pero los niños tienen la cara triste; ellos ya no pueden repetir.

Luego vienen las chuletas de cordero y Paco se come más de la mitad él solo. El postre es arroz con leche, y cuando llega éste, Paco salta de alegría:

—¡Mi postre favorito!

Paco es el primero en terminar su parte del postre y luego repite dos veces. La familia sólo ha podido tomar unas cuantas cucharaditas por cabeza. Todos están indignados por dentro.

—¡Ha sido una comida estupenda! —comenta Paco—. Estoy lleno. Me gusta llenarme. ¿Cuándo me invitáis otra vez a una comida así?

—Ésta es la última comida de esta clase —asegura Álvaro a su amigo.

—¿Por qué?

—Porque a partir de mañana nos ponemos todos a régimen de adelgazar.

96

1. Responda a las preguntas siguientes

1. ¿Cuántas personas comen hoy en casa de Álvaro Ferrín?
2. ¿Quién pide más ensaladilla rusa?
4. ¿Por qué se pone Paco tan alegre con el arroz con leche?
5. ¿Cuánto arroz con leche ha tomado la familia Ferrín?

2. Busque las palabras de significado más afín

1. Amistad.
2. Marido.
3. Servicio.
4. Repetición.
5. Vaca.
6. Invitación.

3. Pregunte o responda

A: —¿Qué tenemos de pr▶ plato?

B: —E▶ rusa.

B: —E▶ riquísima.

A: —¿T▶ sirvo un poco más?

A: —¿Te gusta el a▶ con leche?

B: —¡Me encanta!

B: —Me g▶ llenarme.

A: —A mí también.

4. Lea a su compañero

A: Paco López c▶ hoy en c▶ de su amigo Álvaro Ferrín. A la mesa se s▶ también la e▶ de Álvaro, Laura, y sus tres niños. El primer pl▶ es ensaladilla r▶. Paco se come r▶ su parte y exclama: «¡E▶ riquísima! ¿Me s▶ un poco más, Laura?». «¡Cómo no!», r▶ Laura cortésmente. P▶ los niños tienen la c▶ triste; ellos ya no p▶ repetir. Luego v▶ las chuletas de c▶ y Paco se come más de la m▶ él solo. El p▶ es arroz con leche, y c▶ llega éste, Paco s▶ de alegría: «¡M▶ postre favorito!».

B: Paco es el pr▶ en terminar su parte del postre y l▶ repite dos v▶. La familia s▶ ha podido tomar unas c▶ cucharaditas por c▶. Todos e▶ indignados por dentro. «¡Ha sido una c▶ estupenda!», comenta Paco. «Estoy ll▶. M▶ gusta llenarme. ¿Cuándo me i▶ otra vez a una comida así?». «É▶ es la ú▶ comida de esta clase», asegura Álvaro a su a▶». «¿P▶ qu▶?». «P▶ a partir de mañana n▶ ponemos todos a régimen de adelgazar».

5.

1) A, el anfitrión, pregunta a B, el invitado, si *quiere más coles de Bruselas*. B dice que *no, gracias;* que *están muy buenas, pero* que *ya* ha *comido demasiado*. A dice que él *también* ha *comido mucho,* pero que va *a tomar más coles* porque *están exquisitas*.

2) A, el invitado, y B, el anfitrión, componen ahora un diálogo del mismo modelo que el anterior, pero usando, en lo posible, sus propias palabras.

6. Complete correctamente cada frase

invitado, *en, ha, se, te, he,* pone, sirvo, tomado

1. Cati .... sentó con nosotros.
2. ¿Os .... ya el pescado?
3. ¿Quién fue el primero ....:...... salir?
4. No he .... el segundo plato.
5. .... sido un partido muy emocionante.
6. ¿............................. gusta levantarte tarde?
7. *Me* han .... a la boda de su hija.
8. Martín *se* .... a régimen de adelgazar cada seis meses.

❶ Localice, de izquierda a derecha y de arriba abajo, los nombres de los siete dibujos que rodean el cuadro.

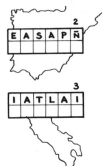

❷ Ordene adecuadamente las letras y obtendrá el nombre de seis países.

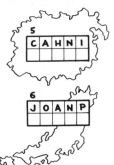

un viajante muy atento

Miquel Salvat era representante de artículos de perfumería. Vendía colonias, jabones, lápices de labios, etc. Trabajaba para varias firmas de Barcelona y viajaba principalmente por Andalucía. Allí era muy conocido en ciudades grandes y pequeñas.

Miquel era un hombre muy atento; en todas partes tenía siempre una palabra amable para sus clientes. Se interesaba por su salud, su familia y su trabajo. Por todo esto era muy popular y vendía más que ningún otro representante de perfumería. Tenía muchísimos clientes; quizá demasiados, porque a veces tenía ciertos problemas.

—¿Cómo sigue su suegra? —preguntó con mucho interés Miquel a un cliente de Cádiz.

El hombre suspiró y dijo:

—Ha muerto.

—Le acompaño en el sentimiento.

—Muchas gracias.

Dos meses después Miquel volvió a Cádiz y visitó al mismo cliente.

—¿Cómo sigue su suegra? —le preguntó amablemente.

El otro se quedó un momento pensando y respondió:

—Amigo Miquel, ¡mi suegra no ha resucitado todavía!

NOTAS

1. Busque frases de igual significado

Miquel Salvat representaba productos de perfumería.
Miquel Salvat era representante de artículos de perfumería.

1. Visitaba principalmente Andalucía.
2. Miquel era muy agradable.
3. Ningún representante de perfumería vendía más que él.
4. ¿Cómo está su madre política?
5. El cliente se quedó un momento en silencio y contestó...

2. Busque las palabras de significado más afín

1. Sano.
2. Venta.
3. Interesante.
4. Suspiro.
5. Sentir.
6. Visita.

3. Pregunte o responda

A: —¿Qué v►ía Miquel Salvat?
B: —Colonias, j►, etc.

B: —¿Para qu► trabajaba?
A: —Para v► firmas de Barcelona.

A: —¿Por qué t►ía ciertos problemas?
B: —P► tenía de► clientes.

B: —¿Cuánto v►ó M► a Cádiz?
A: —Dos meses d►.

4. Lea a su compañero

A: Miquel Salvat e►a representante de a► de perfumería. Vendía c►, jabones, lápices de labios, etc. Tr►ba para varias firmas de Barcelona y v►ba principalmente por Andalucía. Allí era muy c► en ciudades grandes y p►. M► era un hombre muy a►; en todas partes t►ía siempre una p► amable para sus clientes. Se interesaba por su s►, su familia y su tr►. Por todo e► era muy popular y v►ía más que ningún otro representante de perfumería. T►ía muchísimos clientes; qu► demasiados, porque a v► tenía ciertos problemas.

B: «¿Cómo sigue su s►?», preguntó con mucho i► M► a un cliente de Cádiz. El h► suspiró y dijo: «Ha muerto». «Le a► en el sentimiento». «M► gracias». Dos meses después M► volvió a Cádiz y v►ó al mismo cliente. «¿Cómo s► su suegra?», le pr►ó amablemente. El otro s► quedó un momento pensando y r►ó: ««Amigo M►, ¡m► suegra no ha resucitado t►!».

5.
1) A pregunta a B cómo está. Éste responde que *regular*. A pregunta *qué le pasa* y B dice que ha *tenido una anemia*. A pregunta si *ha estado en cama* y B contesta que *sí, diez días*.

2) A y B cambian ahora de papel y hacen un diálogo del mismo modelo que el anterior, pero usando, en lo posible, sus propias palabras.

6. Complete correctamente cada frase

os, pido, aún, salido, tenía, *me*

1. .... *más* paciencia que yo.
2. El fotógrafo *ha* ....
3. .... acompaño hasta la esquina.
4. *Le* .... mil perdones, señor.
5. .... quedé varios días trabajando.
6. No *han* cobrado ....

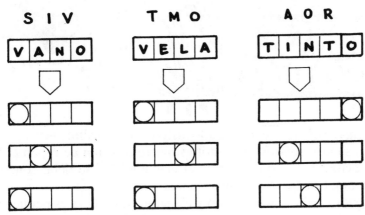

❶: Forme nuevas palabras introduciendo sucesivamente cada una de las tres letras dadas en la casilla marcada con un círculo.

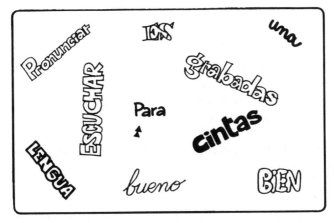

❷: Busque en este alboroto de palabras una frase con sentido.

DOBLE PISOTÓN

—¡Oiga, señor, me ha pisado usted en un callo!

—Lo siento, señora. ¡El autobús ha frenado tan de repente! No he podido evitarlo. El conductor es el culpable. No se debe conducir de manera tan brusca. No somos ganado.

El señor es alto, bien vestido y elegante. La señora es pequeña, algo gorda y de cara simpática. La señora añade:

—El autobús va demasiado lleno. No se debe permitir tanta gente.

El autobús frena con la misma brusquedad de antes; los pasajeros de pie chocan unos contra otros; la señora gordita choca contra el señor alto y le pisa.

—¡Ay, me ha clavado ese tacón!

—Usted disculpe, ha sido el frenazo...

El autobús ha parado y se apean varios pasajeros, entre ellos el señor alto y la señora gordita.

—No ha sido una venganza —explica ella.

—Ha sido sin querer, como yo. ¿Le duele todavía?

—Casi nada. ¿Y a usted?

—Un poco. Oiga —propone el señor—, ¿le apetece una cerveza?

—Tengo un poco de prisa. ¿Dónde?

—Mire, ahí enfrente, en esa cafetería.

—Vale.

El señor alto y la señora gordita cruzan la calle. Los dos sonríen. Los dos cojean.

1. Busque frases de igual significado

Disculpe, señora.
Lo siento, señora.

1. El conductor tiene la culpa.
2. El autobús lleva demasiada gente.
3. El autobús se detiene y descienden varios pasajeros.
4. No ha sido para vengarme.
5. ¿Quiere tomar una cerveza?

2. Busque las palabras de significado más afín

1. Freno.
2. Culpa.
3. Simpatía.
4. Permiso.
5. Choque.
6. Dolor.
7. Cruz.
8. Sonrisa.

3. Pregunte o responda

A: —¡Ay, mi pie!
B: —Lo s▶, caballero. H▶ sido sin querer.

B: —¡Qué empujón!
A: —Perdone, señorita. Ha s▶ el frenazo.

A: —¡Conductor, este autobús v▶ demasiado lleno!
B: —Otras veces va más ll▶, señor.

B: —¡Qué manera de frenar! ¡No s▶ ganado, conductor!
A: —Yo tampoco, señora.

4. Lea a su compañero

A: «¡Oiga, señor, m▶ ha pisado usted en un callo!». «L▶ siento, señora. ¡El autobús h▶ frenado tan de repente! No h▶ podido evitarlo. El c▶ es el culpable. No se d▶ conducir de manera tan br▶. No somos ganado». El señor es a▶, bien v▶ y elegante. La señora es p▶, algo gorda y de c▶ simpática. La señora añade: «El a▶ va demasiado lleno. No se debe p▶ tanta gente». El autobús fr▶ con la misma brusquedad de a▶; los p▶ de pie chocan unos c▶ otros; la señora gordita ch▶ contra el señor alto y l▶ pisa.

B: «¡Ay, m▶ ha clavado ese tacón!». «Usted d▶, ha sido el frenazo». El autobús h▶ parado y se apean v▶ pasajeros, entre e▶ el señor alto y la señora g▶. «No ha s▶ una venganza», explica e▶. «Ha s▶ sin querer, como yo. ¿Le d▶ todavía?» «Casi n▶. ¿Y a usted?» «Un p▶. Oiga —propone el señor—, le a▶ una cerveza?». «Tengo un poco de pr▶. ¿Dónde?». «Mire, ahí e▶, en esa cafetería». «V▶». El señor alto y la señora gordita cr▶ la calle. Los dos s▶. Los dos cojean.

5.
1) A protesta porque B le *ha dado un empujón*. B se disculpa y explica que a él *también* le *han empujado*.

2) B invita a A a *tomar un café*. A dice que *el café* le *pone muy nervioso*. B sugiere entonces *una cerveza* y A responde que *muy bien*.

6. Complete correctamente cada frase

ha, *se, leerlo, sin,* apea, apetece, *me*

1. Aquel tipo .... dio un empujón.
2. Es un libro muy aburrido. No he podido ....
3. No .... debe conducir tan de prisa.
4. ¡Me .... clavado usted el codo!
5. ¿Se .... usted en la próxima parada?
6. Ha sido............................ querer, perdone.
7. ¿Le .... un café?

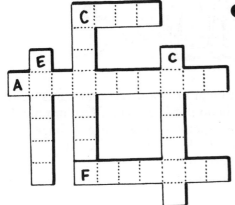

❶: Escriba los nombres de seis utensilios de limpieza.

❷ Complete la frase y obtendrá un famoso refrán español.

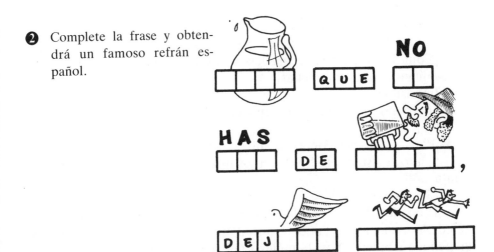

Simón Camino tenía muy mala memoria para recordar caras. Esto le ponía a veces en aprietos. Un sábado por la mañana, Camino fue de compras al supermercado. Mientras esperaba en la cola para pagar, un señor de aspecto amable le sonrió desde la cola de al lado.

—¡Hola, qué tal amigo! —saludó aquél.

Camino contestó con la misma cordialidad y extendió la mano al hombre.

—Ya no le veo por el Círculo —dijo Camino.

—¿Por dónde?

—Por el Círculo Mercantil.

—Yo no he estado nunca en ese Círculo, señor.

—¡Cómo! Yo le he visto muchas veces allí, hemos hablado y hasta hemos jugado juntos al billar.

—Imposible.

—¿Pero no es usted el antiguo capitán de barco?

—No, señor.

—¡Pero usted me conoce a mí!

—¡Claro, y usted a mí! Nos vemos todos los días desde hace más de treinta años.

—¿Todos los días?

—Todos los días laborables, quiero decir. Nos vemos siempre a las 8,25 de la mañana exactamente: usted me da unas monedas y yo le doy un pequeño billete. Soy taquillero del metro, señor...

NOTAS

1. **Responda a las preguntas siguientes**

   1. ¿Qué ponía en aprietos a Simón Camino a veces?
   2. ¿Estaba aquel señor amable en la misma cola que Camino?
   3. ¿Qué juego se podía jugar en el Círculo Mercantil?
   4. ¿Desde cuándo se conocían los dos hombres?
   5. ¿Se veían todos los días Camino y aquel señor?

2. **Busque los sinónimos de**

   1. A comprar.
   2. A diario.
   3. Jamás.
   4. Con frecuencia.
   5. De trabajo.
   6. Entrego.

3. Pregunte o responda

A: —¿C► vas de compras?
B: —Los viernes p► la tarde.

B: —¿Te gusta el Museo de Cera?
A: —No he e► nunca.

A: —¿No es usted el a► gobernador?
B: —No exactamente; yo he sido alcalde.

B: —Nos vemos todos los jueves d► hace diez años.
A: —No, perdón, desde h► nueve.

4. Lea a su compañero

A: Simón Camino t►ía muy mala memoria para r► caras. Esto l► ponía
a veces en aprietos. Un s► por la mañana, C► fue de compras al
supermercado. Mientras e►ba en la cola p► pagar, un señor de aspecto amable le s►ó desde la cola de al l►. «¡Hola, qué t► amigo!»,
saludó aquél. C► c►ó con la misma cordialidad y extendió la m► al
hombre. «Ya no le v► por el Círculo», dijo Camino. «¿Por dónde?».
«P► el Círculo Mercantil». «Yo no h► estado nunca en ese Círculo,
señor».

B: «¡Cómo! Yo l► he visto muchas veces a►, h► hablado y hasta h►
jugado juntos al billar». «Imposible». «¿Pero no e► usted el antiguo
c► de barco?». «No, señor». «¡Pero usted me conoce a mí!». «¡Claro, y
usted a m►! Nos v► todos los días d► hace más de treinta años».
«¿T► los días?». «Todos los días laborables, qu► decir. Nos v► siempre a las 8,25 de la mañana e►: usted me d► unas monedas y yo le
d► un pequeño billete. S► taquillero del metro, señor...».

5.
1) A y B, dos amigos, se encuentran por la calle. Se saludan y A pregunta a B *dónde* ha *estado últimamente*. B dice que *en Ginebra,* donde ha
asistido a un congreso de líneas aéreas. A cuenta que él se ha *casado
hace un mes y* B le da la *enhorabuena.*

2) A y B componen un diálogo como el anterior, pero usando, en lo
posible, sus propias palabras. Use el **pretérito perfecto de indicativo.**

6. Complete correctamente cada frase

guiñó, aprender, *para,* dado, conoce, *me, nos*

1. Tengo mucho tiempo .... leer.
2. Ese ruido .... pone nervioso.
3. Viajo *para* ....
4. El señor *me* .... un ojo.
5. ¿*Me* .... usted?
6. Los sábados .... encontramos en la biblioteca.
7. *Nos* han .... las gracias.

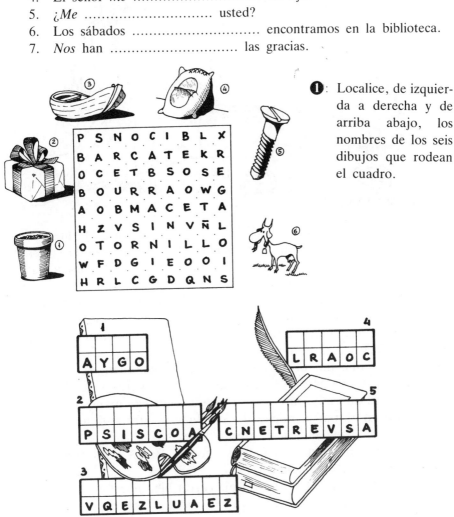

❶: Localice, de izquierda a derecha y de arriba abajo, los nombres de los seis dibujos que rodean el cuadro.

❷: Ordene adecuadamente las letras y obtendrá los nombres de tres pintores y dos escritores españoles muy famosos.

111

LAS MEIGAS

Todavía en las aldeas apartadas de Galicia, alguna gente mayor habla de las «meigas» o brujas con respeto. Para la mayoría de la gente, sin embargo, el tema de las meigas es simplemente una reliquia legendaria con ciertos aspectos de humor.

Según la leyenda, las meigas poseen algunos poderes sobrenaturales. Ellas pueden comunicarse con amigos o familiares muertos. Pueden ocasionar enfermedades a niños y a mayores (y al ganado), aunque también pueden curar enfermedades.

El 23 de junio por la noche, la noche de San Juan, es una de las fiestas más celebradas en Galicia. Se hacen hogueras y se dan saltos sobre ellas. El que salta sin tocar se casará seguro en menos de un año.

Bañarse en el mar la noche de San Juan es otra antigua tradición. Este baño, se dice, cura las enfermedades.

Las meigas también se bañan esa noche. Bajan a las playas y allí se divierten hasta el amanecer.

La víspera de San Juan se aconseja cerrar bien puertas y ventanas, y adornarlas con ramos benditos para ahuyentar a las meigas, porque esa noche les gusta entrar en las casas. Allí buscan los recipientes con leche para lavarse el trasero con ésta. Por eso no se debe ordeñar las vacas la víspera de San Juan.

1. Responda a las preguntas siguientes

1. ¿Quién habla todavía en serio de las meigas?
2. ¿Qué cosa buena pueden hacer las meigas?
3. ¿Cuándo se hacen hogueras en Galicia?
4. ¿Dónde se divierten las meigas la noche de San Juan?
5. ¿Qué se debe poner en puertas y ventanas esa noche?

2. Busque en la historia los antónimos de

1. Minoría.
2. Ningunos.
3. Vivos.
4. Menores.
5. Moderna.
6. Anochecer.

3. Pregunte o responda

A: —¿Qué clase de p▶ tienen las meigas?
B: —Poderes s▶.

B: —¿Con quién p▶ comunicarse las meigas?
A: —Con amigos o f▶ muertos.

A: —¿Hasta cuándo se d▶ las meigas la noche de San Juan?
B: —Hasta el a▶.

B: —¿Cuándo no se d▶ ordeñar las vacas?
A: —La víspera de San Juan.

4. Lea a su compañero

A: Todavía en las a▶ apartadas de Galicia, alguna g▶ mayor habla de las «meigas» o brujas con r▶. Para la mayoría de la gente, s▶ embargo, el tema de las meigas es s▶ una reliquia legendario con c▶ aspectos de humor. S▶ la leyenda, las meigas p▶ algunos poderes sobrenaturales. Ellas pueden comunicarse con a▶ o familiares m▶. Pueden ocasionar e▶ a niños y a mayores (y al g▶), aunque t▶ pueden curar enfermedades. El 23 de junio p▶ la noche, la noche de San Juan, e▶ una de las fiestas más celebradas de Galicia.

B: Se h▶ hogueras y s▶ dan saltos sobre ellas. El que s▶ sin tocar s▶ casará seguro en m▶ de un año. Bañarse en el m▶ la noche de San Juan es o▶ antigua tradición. Este b▶, se dice, c▶ las enfermedades. Las meigas también se bañan esa noche. B▶ a las playas y allí se divierten h▶ el amanecer. La víspera de San Juan se aconseja c▶ bien puertas y ventanas, y a▶ con ramos benditos para ahuyentar a las meigas, p▶ esa noche les gusta e▶ en las casas. Allí b▶ los recipientes con l▶ para lavarse el trasero con ésta. Por e▶ no se debe ordeñar las v▶ la víspera de San Juan.

5. Hable de alguna superstición o tradición curiosa de su país o región.

6. Complete correctamente cada frase

debe, ruega, *os,* pueden, *se,* lavarse, acostarse

1. No .... *separarse* de sus padres.
2. .... tarde es una costumbre de esta casa.
3. La gente .... pasea por el parque.
4. *Se* .... silencio.
5. ¿............................ gusta la comida china?
6. Usan un polvo blanco para .... los dientes.
7. No *se* .... fumar en la sala de conferencias.

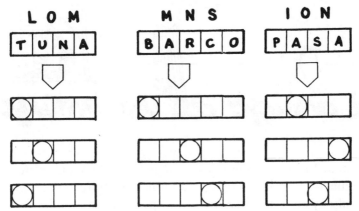

❶: Forme nuevas palabras introduciendo sucesivamente cada una de las tres letras dadas, en la casilla marcada con un círculo.

❷: Busque en este alboroto de palabras una frase con sentido.

el amigo de un amigo

Sebastián Larios, médico, y su amigo Ricardo Valle, pintor, paseaban aquella tarde por las típicas Ramblas de Barcelona. Al poco, un hombre alto y de edad madura, de aspecto abandonado, se acercó a Ricardo y le saludó calurosamente.

—Mira, Sebastián, te presento a Ramón. Ramón también es pintor.

Los dos hombres se estrecharon la mano.

—Mucho gusto.

—Encantado de conocerle.

Ramón se unió a los otros dos y, un poco más abajo, Ricardo se metió en una cabina telefónica. Entonces Ramón dijo a Sebastián, con una encantadora sonrisa:

—Oiga, ¿podría prestarme mil pesetas? Estoy en un apuro.

Sebastián sacó la cartera y entregó un billete de mil pesetas al pintor.

—Mil gracias. Tiene usted un gran corazón. Bueno, ahora tengo que irme. ¡Adiós, encantado de conocerle!

—¡Un momento, por favor! No comprendo muy bien. Usted y Ricardo son amigos. ¿Por qué no le ha pedido el dinero a él? Él le conoce a usted.

—Precisamente por eso, ¡porque me conoce!

NOTAS

1. **Responda a las preguntas siguientes**

   1. ¿Cómo era Ramón?
   2. ¿Cuándo se quedó Sebastián sólo con Ramón?
   3. ¿Por qué necesitaba Ramón dinero?
   4. ¿De dónde sacó Sebastián un billete de mil pesetas?
   5. ¿Por qué no le pidió Ramón dinero a Ricardo?

2. **Busque las palabras de significado más afín**

   1. Medicina.
   2. Pintura.
   3. Teléfono.
   4. Encanto.
   5. Préstamo.
   6. Amistad.

3. **Pregunte o responda**

A: —¿Conoces las R▶ de Barcelona?
B: —¡Sí, son muy t▶!

B: —Te pr▶ a Sebastián. S▶ e▶ médico.
A: —M▶ g▶.

A: —¿Podría pr▶ quinientas pesetas?
B: —Tome, sólo t▶ cien.

B: —Tiene usted un gran c▶.
A: —No tiene importancia.

4. **Lea a su compañero**

A: Sebastián Larios, m▶, y su amigo Ricardo Valle, pintor, p▶ban aquella tarde p▶ las típicas Ramblas de Barcelona. Al p▶, un hombre a▶
y de edad madura, de a▶ abandonado, se acercó a Ricardo y le s▶ó
calurosamente. «Mira, Sebastián, t▶ presento a Ramón. Ramón también es p▶». Los dos h▶ se estrecharon la m▶. «Mucho gusto». «E▶
de conocerle». Ramón se u▶ó a los otros dos y, un poco más a▶,
Ricardo s▶ metió en una cabina telefónica.

B: Entonces Ramón dijo a Sebastián, con una encantadora s▶: «O▶,
¿podría prestarme mil pesetas? E▶ en un apuro». Sebastián s▶ó la
cartera y entregó un b▶ de mil pesetas al pintor. «Mil gracias. T▶
usted un gran corazón. Bueno, ahora t▶ que irme. ¡Adiós, encantado
de c▶!». «¡Un momento, por f▶! No c▶ muy bien. Usted y Ricardo
s▶ amigos. ¿Por qué no l▶ ha pedido el dinero a é▶? Él le conoce a
usted». «Precisamente por e▶, ¡porque m▶ conoce!».

5. 1) Un amigo (A) le pide a usted (B) una cierta cantidad de dinero. Usted
le dice que *no* tiene *tanto dinero*. Él le pregunta que *cuánto* tiene.
Usted responde que la mitad de esa cantidad. Él dice que bien, que *es
bastante*. Usted le dice, *tome,* y él le da las gracias.

2) A y B cambian sus papeles y componen un diálogo del mismo tipo que
el anterior, pero usando, en lo posible, sus propias palabras.

6. Complete correctamente cada frase

presentó, has, conoces, *se* abrazaron, *enviarme, irnos,* saludé

1. Ellos .... acercaron a nuestra mesa.
2. Yo no *las* ....
3. *Me* .... a su mujer.
4. Los dos amigos *se* ....
5. ¿Podrían ustedes .... el paquete a casa?
6. Tenemos que ....
7. ¿Cuánto *le* .... pedido a Jesús?
8. *La* .... tú?

❶: Escriba los nombres de seis prendas de vestir.

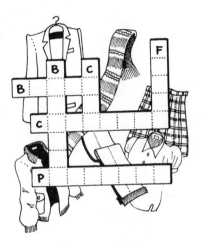

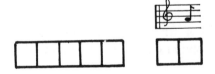

❷: Complete la frase y obtendrá un modismo español.

CASIMIRO SE ENAMORA

Casimiro Cifuentes tenía treinta y cinco años y estaba soltero. Pero un día Casimiro se hizo miembro de un club de correspondencia sentimental y empezó a escribir a mujeres de todo el mundo. Recibió docenas de cartas, una de ellas de Méjico, con una foto de una chica morena, de grandes ojos negros: una belleza. Esta chica, llamada Guadalupe, tenía dieciocho años.

Casimiro se enamoró de Guadalupe inmediatamente, y así se lo dijo. Ella respondió: «Yo también estoy enamorada de ti. Soy la mujer más feliz del mundo».

Se escribieron largas cartas, donde ambos expresaban su deseo de verse y conocerse personalmente. Por fin Guadalupe dio a Casimiro una gran noticia: tal día llegaría a España en avión, acompañada de su mamá.

Aquella señora, una viuda rica de cuarenta y ocho años de edad y ochenta quilos de peso, abrazó con todas sus fuerzas a Casimiro en la sala de espera del aeropuerto, y empezó a darle besos. Al mismo tiempo, lloraba de alegría.

—Eres más guapo que en tus fotos —dijo la señora.

—¿Pero dónde está Guadalupe? —quiso saber Casimiro mirando a su alrededor.

—Guadalupe se ha quedado en casa, cariño.

—¿Por qué? ¿Está enferma?

—No, está muy sana. ¡Pero la autora de las cartas soy yo, amor mío!

1. **Responda a las preguntas siguientes**

    1. ¿De qué sociedad se hizo Casimiro?
    2. ¿Cómo era Guadalupe?
    3. ¿Qué se decían Casimiro y Guadalupe en sus cartas?
    4. ¿Cómo saludó la madre de Guadalupe a Casimiro?
    5. ¿Por qué miró Casimiro a su alrededor?

2. **Busque los sinónimos de**

    1. Socio.
    2. Muchacha.
    3. Al instante.
    4. Los dos.
    5. Simultáneamente.
    6. Hermoso.

3. **Pregunte o responda**

A: —¿Qué edad t▶ía Casimiro?
B: —Treinta y cinco años.

B: —¿P▶ qué se sentía G▶ tan f▶?
A: —P▶ estaba e▶ de Casimiro.

A: —¿C▶ pesaba la madre de G▶?
B: —Ochenta qu▶.

4. **Lea a su compañero**

A: Casimiro Cifuentes t▶ía treinta y cinco años y e▶ba soltero. P▶ un día C▶ s▶ hizo miembro de un club de correspondencia sentimental y e▶ó a escribir a mujeres de t▶ el mundo. R▶ó docenas de cartas, una de e▶ de Méjico, con una foto de una chica m▶, de grandes ojos negros: una belleza. Esta ch▶, llamada G▶, tenía dieciocho a▶. C▶ se e▶ó de G▶ inmediatamente, y así se l▶ dijo. Ella respondió: «Yo también e▶ enamorada de t▶. Soy la m▶ más feliz del m▶». Se e▶ieron largas cartas, donde ambos expresaban su d▶ de verse y conocerse personalmente.

B: P▶ fin G▶ dio a C▶ una gran n▶: tal d▶ llegaría a España en avión, acompañada de s▶ mamá. A▶ señora, una v▶ rica de cuarenta y ocho años de e▶ y ochenta quilos de p▶, abrazó con todas sus f▶ a C▶ en la sala de espera del a▶, y e▶ó a darle besos. Al mismo tiempo, ll▶ba de alegría. «Eres m▶ guapo que en t▶ fotos», dijo la señora. «¿Pero dónde e▶ G▶?», quiso saber C▶ mirando a s▶ alrededor. «G▶ se ha quedado en c▶, cariño». «¿P▶ qu▶? ¿Está e▶?». «No, e▶ muy sana. ¡P▶ la autora de las c▶ soy yo, amor m▶!».

5. Usted tenía ayer una cita con un amigo y no se presentó. Pídale ahora perdón y explíquele en unas cuantas frases qué pasó.

6. Complete correctamente cada frase

nervioso, *llegarías,* ha, enamoré, hizo, *darle,* se

1. El hijo mayor *se* .... locutor de radio.
2. *Me* .... de Gloria.
3. Maite recibió mi carta, pero no .... lo dijo a Miguel.
4. ¿............................ tú el martes o miércoles?
5. Señor, quiero .... una buena noticia.
6. Eres *más* .... que yo.
7. ¿*Se* .... tomado Carlos el café?

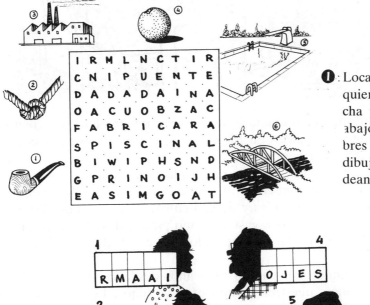

I	R	M	L	N	C	T	I	R
C	N	I	P	U	E	N	T	E
D	A	D	A	D	A	I	N	A
O	A	C	U	O	B	Z	A	C
F	A	B	R	I	C	A	R	A
S	P	I	S	C	I	N	A	L
B	I	W	I	P	H	S	N	D
G	P	R	I	N	O	I	J	H
E	A	S	I	M	G	O	A	T

❶: Localice, de izquierda a derecha y de arriba abajo, los nombres de los seis dibujos que rodean el cuadro.

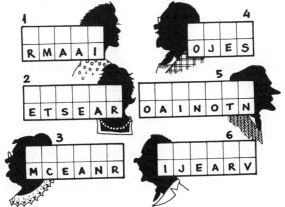

1. R M A A I
2. E T S E A R
3. M C E A N R
4. O J E S
5. O A I N O T N
6. I J E A R V

❷: Ordene adecuadamente las letras y obtendrá tres nombres de mujer y tres de hombre muy corrientes en español.

Don Enrique era propietario de un gran invernadero. Le compraban flores de todas partes en España y de varios países europeos. El negocio le iba cada vez mejor.

Don Enrique tenía cincuenta empleados y a todos los trataba muy cariñosamente, quería ser como un padre para ellos. Pero les daba salarios muy bajos y estaban muy descontentos. Aquel hombre era gran amante del dinero, no para gastarlo, sino para guardarlo en el banco.

Un día, una comisión de empleados fue a ver al dueño del invernadero.

—Don Enrique, han pasado siete años desde la última subida de sueldo, y entonces nuestros sueldos eran ya bajos. Los precios suben todo el tiempo, jefe. Nosotros estamos contentos con el trabajo y lo hacemos lo mejor posible, usted lo sabe, pero pasamos estrecheces.

—Hijos míos, sois muchos; una subida de sueldo significaría un peligro para la economía de la empresa.

—Pero la empresa gana mucho dinero; eso no lo puede usted negar, don Enrique.

Don Enrique se quedó un instante en suspenso, un instante nada más.

—Hijos míos, no voy a daros esa subida, porque ¿para qué la queréis? Para gastarla, ¿no? ¡No seáis niños!

NOTAS

1. Busque frases de igual significado

Don Enrique poseía un gran invernadero.
Don Enrique era propietario de un gran invernadero.

1. Pero les pagaba muy poco.
2. Don Enrique tenía un gran amor al dinero.
3. La vida está cada vez·más cara, jefe.
4. Pero el negocio tiene muchas ganancias.
5. No puedo subiros el sueldo, hijos míos.

2. Busque los sinónimos de

1. Con afecto.
2. Insatisfechos.
3. Sin parar.
4. Un aumento.
5. Riesgo.
6. En silencio.
7. Un momento.

3. Pregunte o responda

A: —¿C▶ le iba el negocio a don Enrique?
B: —C▶ vez mejor.

B: —¿C▶ quería ser don Enrique p▶ sus empleados?
A: —C▶ un padre.

A: —¿C▶ años hacía desde la ú▶ subida de sueldos?
B: —Siete.

B: —¿Por q▶ no dio don Enrique una subida de sueldo a sus e▶?
A: —P▶ era para g▶.

4. Lea a su compañero

A: Don Enrique e▶a propietario de un gr▶ invernadero. Le c▶ban flores de todas p▶ de España y de v▶ países europeos. El negocio le iba cada v▶ mejor. Don E▶ t▶ía cincuenta empleados y a t▶ los tr▶ba muy cariñosamente, qu▶ía ser como un padre para e▶. Pero les d▶ba salarios muy b▶ y estaban muy descontentos. A▶ hombre era un gran amante del d▶, no para gastarlo, sino para gu▶ en el banco. Un día, una comisión de empleados fue a v▶ al dueño del i▶.

B: «Don E▶, han pasado siete años d▶ la última subida de sueldo, y e▶ nuestros s▶ eran ya bajos. Los precios s▶ todo el tiempo, jefe. Nosotros e▶ contentos con el trabajo y lo h▶ lo mejor posible, usted l▶ sabe, pero p▶ estrecheces». «Hijos míos, s▶ muchos; una s▶ de sueldo significaría un p▶ para la economía de la empresa». «Pero la e▶ gana mucho dinero; eso no l▶ puede usted negar, don E▶». Don E▶ se qu▶ó un instante en suspenso, un instante n▶ más. «Hijos míos, no v▶ a daros esa subida, porque, ¿p▶ qué la qu▶? P▶ gastarla, ¿no? ¡No seáis niños!».

5.
1) Un empleado (A) pide aumento de sueldo a su patrón (B) y da sus razones. El patrón le niega el aumento y da sus razones.

2) El mismo tipo de diálogo, pero los papeles se cambian.

6. Complete correctamente cada frase

puedo, *gastarlo,* sentó, compraron, *daros,* sé

1. *Le* .... las botas de esquiar.
2. El aire de la montaña *le* .... bien.
3. No quiero el dinero para ....
4. «¿Televisan el partido de hoy?» «No *lo* ....»
5. Eso no *lo* .... entender.
6. Va a .... una sorpresa.

```
   D  M  I            C  A  N            S  A  O
 ┌──┬──┬──┬──┐     ┌──┬──┬──┬──┐     ┌──┬──┬──┬──┬──┐
 │C │O │J │O │     │S │E │X │O │     │M │E │N │O │R │
 └──┴──┴──┴──┘     └──┴──┴──┴──┘     └──┴──┴──┴──┴──┘
```

①: Forme nuevas palabras introduciendo sucesivamente cada una de las tres letras dadas en la casilla marcada con un círculo.

②: Busque seis palabras españolas cuya segunda letra sea la A.

HISTORIAS
PARA CONVERSAR

- NIVEL UMBRAL
  * CASSETTE

- NIVEL BÁSICO
  * CASSETTE

- NIVEL MEDIO
  * CASSETTE

- NIVEL SUPERIOR
  * CASSETTE

- SOLUCIONARIO
  (Para toda la serie)